평단지기 독서법

내가 진짜 원하는 삶이 무엇인지, 그걸 찾기로 했다.

매일 하루를 시작하기 전 책을 읽는다.
하루의 목표를 세운다. 머릿속을 정리한다.

하루도 빠짐없이.

'하루 10분씩만 읽자'라는 단순한 생각에서 시작되었다.
천천히, 멈추지 않고 평생 읽을 수 있게.
평단지기 독서법은 혼자 읽는 진짜 독서다.

평단지기 독서법

초 판 1쇄 2022년 08월 12일

지은이 이윤정(더블유와이랑)
펴낸이 류종렬

펴낸곳 미다스북스
총괄실장 명상완
책임편집 이다경
책임진행 김가영 신은서 임종익 박유진

등록 2001년 3월 21일 제2001-000040호
주소 서울시 마포구 양화로 133 서교타워 711호
전화 02) 322-7802~3
팩스 02) 6007-1845
블로그 http://blog.naver.com/midasbooks
전자주소 midasbooks@hanmail.net
페이스북 https://www.facebook.com/midasbooks425
인스타그램 https://www.instagram.com/midasbooks

© 이윤정, 미다스북스 2022, *Printed in Korea*.

ISBN 979-11-6910-053-3 03190

값 18,000원

미다스북스는 다음세대에게 필요한 지혜와 교양을 생각합니다.

Family · Action · I · Thought · Happiness

매일 새로운 아침, 하루 10분

평단지기 독서법

이윤정(더블유와이랑) 지음

미다스북스

지금처럼 평생 지속할 수 있을까?

독서 모임을 하고 집으로 오는 길이었다. 최근 몇 년 동안 독서 모임에서 만나던 지인에게 "저를 보면 어떤 생각이 가장 먼저 떠올라요?"라고 물었다. "꾸준함이죠!"라고 답해주었다. 꾸준함이 나의 모습이라 했다. 목표를 향해 전력 질주하기보다는 오늘 하루를 꾸준히 살았다. 단기간에 해낼 수 있다는 자신감은 없어도, 오래 걸리더라도 무언가를 시작하면 끝낼 수 있는 꾸준함은 있었다. 꾸준함이 내게 무기였다는 걸 이제야 알았다. '나'를 믿기로 했다.

매일 꾸준히 무언가를 했다.

첫째, 번 아웃을 피하려고 꾸준히 쉬었다.

둘째, 성공하기 위해 꾸준히 시도했다.

셋째, 평생 지속하기 위해 꾸준히 읽었다.

남들처럼 몇 날 며칠 밤을 새우며 무언가를 도전할 수 있는 체력이 부족했다. 나를 표현하기에는 '잘, 빨리' 보다는 '꾸준하게'가 더 적절하다. 체력적으로 번 아웃이 수시로 찾아오곤 한다. 한 달에 몇 번은 잠을 몰아서 자야 한다. 피곤함이 몰려 정신을 못 차리는 날이 있으면 기절하듯 초저녁부터 잠을 청한다. 남편은 이제 잠이 가득한 나의 눈 상태만 보고도 다른 거 포기하고 일찍 자야 하는 날임을 알아챈다. 나의 한계를 알기에 번 아웃을 피해야 했다. 피곤한 날이면 하루는 잠으로 가득 채우고, 다음 날 새로운 아침을 맞이하는 편이 더 효율적이었다. 남들 따라 전력 질주하다가도 몸에서 신호가 오면 받아들이고 쉬었다. 그게 번 아웃을 피하는 길이었다. 그리고 다음 날 꾸준함으로 다시 시작한다. 남들 하는 대로 그대로 따라만 했다면, 중도에 포기했을지 모른다. 하루가 더 걸릴지라도 나는 나를 기다려주기로 했다.

처음엔 진짜 하고 싶은 게 뭔지 몰랐다. 책 한 권을 읽었는데, 나도 그럼 부자가 될 수 있을까 하는 의문이 생겼다. 강의를 듣고, 책을 읽기 시작했다. 처음엔 한 명의 멘토를 정해서 그대로 쫓아갔다. 알려주는 대로 그대로 받아들였다. 힘에 벅차긴 했지만, 해내겠다는 의지는 충만했다. 할 수 있다는 자신감도 있었다. 회사에서 느낄 수 없는 새로운 열정에 불을 붙여주는 동료들을 만났고, 동료들에게 나도 뭔가를 나눠주고 싶었다. 새로운 아이디어를 매일 얻을 수 있는 건 책이라는 생각이 번뜩 들었다. 그래서 매일 책을 읽고 동료들에게 나누어주기로 했다. 평생 지속하려면 지치지 않게 조금씩 나눠서 읽는 게 중요했다. 매일 꾸준히 읽었다. 매일 꾸준히 기록했다. 매일 꾸준히 행동했다. 신기하게도 나눠주려고 시작한 독서로 오히려 '나'를 좀 더 깊이 연구할 수 있었다. 5년간 매일 하루도 빠짐없이 꾸준했더니 점차 진짜 하고 싶은 걸 알게 되었다. '평단지기 독서법' 덕분이었다. 불편한 인간관계를 해소하기 위해 처음 책을 집었는데, 바로 옆에 놓여 있던 책이 눈에 들어왔다. 꾸준히 읽고 배우고, 실천했더니 원하는 목표를 하나씩 이루고 있었다. 새로운 무언가를 배우는 걸 좋아하기에 평생 즐겁고, 행복한 삶을 지속하기 위해 오늘도 책을 읽는다.

시간이 지나면서 차츰 단기간에 세운 목표 달성이 끝이 아니라는 걸 깨달았다. '부자가 되어도 지금처럼 평생 지속할 수 있을까? 나와는 좀 다른데? 부자가 되면 뭘 하고 지낼까?' 이러한 질문을 던져보니 노후 준비를 위해 필요한 게 따로 있었다. 지식을 나눠주는 멘토라 할지라도 인생의 멘토는 아니었다. 결국 자신에 어울리는 방법인지, 평생 따르고 싶은 사람인지 아는 게 더 중요했다. 여기서 자신은 혼자만 해당하는 게 아니다. 평생 함께하는 가족이 포함되어야 한다. 책을 읽으면서 꾸준히 '나'를 연구했다. 보도 섀퍼가 이야기하던 '위너가 되라'라는 말을 이제 조금은 이해할 수 있다. '자신'을 믿고 꾸준히 배워 행동으로 하나씩 바꾸면 그 분야에서 최고가 될 수 있다. 책을 통해 나를 연구하면서 자신의 멘토가 되기도 하고, 직접 뛰어다니는 선수가 되기도 한다. 지칠 때는 잠시 생각을 멈추고 여유를 찾는다. 새롭게 다시 시작한다. 평생 지속하는 방법이다. 꾸준히 읽는다. 꾸준히 배운다. 꾸준히 뛴다. 결국 성공이다.

이 책은 책 읽을 시간조차 없이 성공을 위해 전력 질주하며 살아가는 사람들에게 나의 가치를 찾고, 실생활에서 어떻게 책을 활용할 수 있는지 나누고 싶은 이야기다. 평생 지속할 수 있을까? 5년 후 다시 지금을 되돌아본다면 후회하지 않을까? 앞만 보고 달리다가 지나가 버린 시간을 후회하지 않을 자신이 있는가? 평생 꾸준하게, 재미있게, 가치 있는 삶을 살아가는 방법을 소개하려 한다. 성공을 위해서는 나뿐만 아니라 사람들에 대한 관찰이 우선이다. 이러한 과정은 독서를 통해 하나씩 발견해 나갈 수 있었다. 사람들마다 성공의 속도는 다르다. 자신과 가족에게 어울리는 성공의 속도를 맞춰 나갔으면 좋겠다.

1장에서는 나만의 인생 속도를 찾게 해준 평단지기 독서법과 그 세부 방법, 실전 독서법에 관해 소개한다. 세상의 흔들리는 파도나 주변 소음에서도 꿋꿋이 성공을 향해 자신의 속도에 맞게 지속할 수 있는 원동력이 될 것이다. 2장에서는 하루 10분 평단지기 독서법을 통해 나를 연구하는 과정을 소개한다. 나의 목표인지, 타인의 목표인지 모른 채 살아가는 이들에게 평단지기로 자신만의 목표를 찾아가도록 도울 것이다. 3장에서는 내가 평단지기 독서로 어떻게 새로운 인생을 시작했는지 소개한다. 수많은 강의와 책에서 익힌 성공학을 통해 한 단계 나를 끌어올렸다. 평단지기 독서법을 통해 새로운 성장 단계를 꾸준히 지속할 수 있는 밑거름이 되어줄 것이다. 4장에서는 평단지기 독서로 배우는 부의 비결 8가지를 소개한다. 상위 0.1%의 삶을 살아가는 부자들의 습관에서 동기부여 받아, 살아남는 부자가 되는 비결을 들여다본다. 성공을 향해 한 걸음 내디디고, 부자를 바라보는 관점에 변화가 생기게 될 것이다. 5장에서는 미래의 자유와 행복만을 갈망하는 대신 평단지기 독서를 통해 바로 지금부터 진짜 행복한 삶을 지속하는 방법을 이야기한다. 평단지기 독서법을 통해 전달하고 싶은 핵심 메시지가 있다.

매일 새로운 아침, 새롭게 결단하고 확신한다. 우리 모두 지금도 매우 꾸준하다. 목표가 있고, 용기도 낼 줄 안다. 시도도 열심히 하는 중이다. 이 책을 통해 자신의 시간을 만들어 다른 사람과 무엇이 다른지, 어떤 강점이 있는지 찾아 자신이 진짜 원하는 성공을 이루길 바란다. 여유를 가지고 삶의 가치를 찾아가는 실천하는 평단지기 독서법을 배운다면 평생 지속하면서 성공할 수 있다는 확신이 생길 것이다.

꾸준히 감사했더니, 얽혀 있던 인간관계의 실타래가 조금씩 풀어졌다.

꾸준히 재테크 공부를 시도했더니 조금씩 자산이 불어났다. 꾸준히 읽었더니, 함께하는 동료들이 생겼다. 나와 다름을 인정하고, 할 수 있는 것에 집중했다. 나만의 속도를 찾았다. 오늘 하루도 꾸준히 쉬었고, 꾸준히 시도했고, 꾸준히 책을 읽은 날이다. 당신의 오늘도 여유롭게 성공하길 바란다.

한 번에 후루룩 읽고 넘기지 말고, 1장에 나오는 평단지기 독서법을 통해 하루 10분 정도 시간 내어 2~3주간 매일 천천히 꾸준히 읽어봐 주었으면 좋겠다. 주어진 사건으로 자신은 어떤 생각을 떠올리는지 기록해 보았으면 한다. 매일 조금씩 자기만의 시간을 만들어 나가길 희망한다. 자기 삶에 대한 소중한 메시지를 찾아 인생의 성공을 맛보길 바란다.

2022년 8월

평단지기 독서가 이윤정

목차

제 4 장
평단지기 독서로 배우는 부의 비결 8가지

제 5 장
어서 오세요, 진짜 행복한 삶에 이르는 평단지기 독서

어제도 읽었고, 오늘도 읽고, 내일도 읽을 것이다. 어제도 썼고, 오늘도 쓰고, 내일도 쓸 것이다. 어제도 했고, 오늘도 하고, 내일도 할 것이다. 미라클 평단지기 독서를 시작하면서, 하루도 빠지지 않는 이유다. 평단지기 독서는 매일 나의 다짐 독서다.

제 1 장

나만의 인생 속도를
찾게 해준
평단지기 독서법

"마음을 단단하게 지켜내려면 흔들리는 마음을 인정해야 한다."
– 『다산의 마지막 습관』, 조윤제

아침마다 새벽 독서와 마음공부로 마음을 단단히 먹습니다. 단기적으로 바라보면 멘탈이 나가기 쉽거든요. 장기적으로 한걸음 물러서서 나 스스로 반추할 수 있는 새벽 시간을 만들어봅니다.

1
미라클 평단지기 독서법

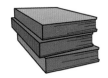

나는 평단지기 한다, 고로 존재한다

나는 평단지기(平旦之氣) 한다. 고로 존재한다. 2017년부터 책을 통해 나만의 속도를 찾게 해준 미라클 평단지기 독서법은 딱 하루만 읽어보자는 마음으로 시작한 독서법이다. 책을 정독하며 느리게 읽고 직접 써보기 전에는 몰랐던 독서의 효과를 조금씩 느낄 수 있다.

교보문고 인기 도서 코너에서 『다산의 마지막 습관』을 발견했다. 한동안 쉼 없이 무언가 하느라 힘에 부쳤다. 다시금 흐트러진 습관으로 되돌아가려는 관성의 법칙이 내게 찾아왔을 때, 새로운 마음으로 습관을 다시 바로 잡고자 책을 집었다. 딱 새벽에 읽기 좋아 보였다. 읽고 있던 책을 완독하고 드디어 『다산의 마지막 습관』을 읽어나갔다. 평소에 책을 천천히 읽고, 생각을 기록하면서 느끼던 감정을 다른 사람들에게 한마디로 표현하기가 어려웠다. 그날 새벽, 단어 하나를 발견했다. 평단지기. 『맹자』에 나오는 단어로, 새벽 아침에 동이 틀 때 느끼는 맑고 신선한 기운을 말한다고 했다.

새벽에 일어나서 책을 읽기로 마음먹은 지 5년 차다. 매일 하루를 시작하기 전 책을 읽는다. 하루의 목표를 세운다. 머릿속을 정리한다. 새로운 무언가를 하루에 하나 배우기 위해 책을 조금씩 매일 읽는다. 하루도 빠짐없이. 동기 부여할 수 있고, 에너지를 느끼는 새벽 독서를 표현하기에 딱 어울린 표현이었다. 데카르트가 한 말 "나는 생각한다. 고로 존재한다."처럼 읽고, 생각하고, 쓰고, 행동하면서 매일 성장하는 방법이다. 어제도 읽었고, 오늘도 읽고, 내일도 읽을 것이다. 어제도 썼고, 오늘도 쓰고, 내일도 쓸 것이다. 어제도 했고, 오늘도 하고, 내일도 할 것이다. 미라클 평단지기 독서를 시작하면서, 하루도 빠지지 않는 이유다. 평단지기 독서는 매일 나의 다짐 독서다.

내가 할 수 있는 만큼, 하루 10분씩만 읽자

보통 사람들의 체력과 나의 체력이 다름을 인정하는 게 필요했다. 남과 다른 성공 방법을 찾아 나섰다. 재테크 카페에서 모인 사람들은 하루 한 권씩 책을 읽어나갔다. 주변 사람들처럼 책을 읽는다는 건 당시로서는 감히 생각조차 하기 어려웠다. 다른 방법은 없을까? 한두 번 시도해볼까 싶다가도 며칠 지나지 않아 책 읽는 걸 포기할지 모르겠다고 생각했다. 하루 동안 많은 것을 한 번에 해낼 수는 없지만, 느리더라도 조금씩 매일 하는 건 할 수 있겠다 싶었다. 그러자 내가 할 수 있는 만큼 매일 하면 어떨까 하는 생각으로 바꿀 수 있었다.

'하루 10분씩만 읽자'라는 단순한 생각에서 시작되었다. 사람은 망각의 동물이라지만, 내 경우엔 특히 더 그랬다. 금방 읽은 책도 덮으면 기억나지 않는 경우가 많았다. 책 내용을 각인하기 위해서는 어딘가에 다시 옮겨 적는 아웃풋이 필요하다. 그렇게 하루 10분 동안 읽은 내용 중 한 문장을 뽑아 기록으로 남긴다. 책을 읽다가 문득 떠오르는 순간의 생각을 기록으로 남긴다. 책을 읽으면 적어도 하나는 배우겠다는 다짐이다. 오늘 읽은 내용에서 실생활, 아니 바로 지금, 오늘 하루를 보내며 실천할 수 있는 행동 한 가지, 진짜 내게 필요한 실용적인 행동을 정한다. 남이 정해주는 목표가 아닌 내가 정한 나의 하루 목표다. 그렇게 오늘 행동을 기록한다. 단, 오늘 행동의 마감 시간이 있다. 오늘, 잠자기 전까지다. 내일이 아니다. 오늘 당장 할 수 있는 걸 고르는 게 중요하다. 쉬워야 한다. 이렇게 평단지기 독서법을 활용한 지 5년이 지났다. 여전히 오늘 아침도 책 읽기부터였다. 하루 10분 정도나 20~40페이지 정도를 매일 읽으면, 빠르면 1주일, 늦어도 2~3주 정도면 300페이지 분량의 책 한 권 완독이 가능하다. 700페이지 정도의 두꺼운 벽돌 책도 두 달 정도 잡고 거뜬히 독서를 끝낼 수 있다. 벽돌 책까지 한두 번 완독해보니, 아무리 두꺼운 책이라도 이젠 지레 겁먹지 않는다. "두 달이면 읽을 수 있겠네!" 하는 마음으로 여유를 갖는다.

'2021년 사회조사'에 따르면 만 13세 이상 인구 중 지난 1년 동안 책을 한 권이라도 읽은 사람은 45.6%에 불과하다. 매년 평단지기 독서법으로만 책을 읽어도, 1년이면 적어도 12권 이상 읽을 수 있다. 겨우 10분인데? 1년 동안 12권의 책을 읽는 것만으로도, 책을 읽지 않는 사람들보다 얼마나 더 똑똑해질지는 직접 판단해 보길 바란다. 책 읽기가 서툴거나, 책 읽을 시간이 없다고 생각하는 직장인, 육아하는 엄마들, 군대에 가서도 읽을 수 있는 꼭 맞는 독서법이 아닐까 생각한다. 2021년, 나는 25권의 미라클 평단지기 독서를 마쳤다. 새벽에 일어나 평단지기 독서를 통해 읽었던 책들이다. 하루 중 10분이라는 시간조차 없어서 책을 못 읽는다는 핑계는 나에게는 성공한 삶의 영양제가 전혀 필요하지 않다는 의미와 같다. 하루 10여 분, 다른 일을 잠시 멈추고 타인의 성공과 실패를 간접 경험하는 과정이다. 삶에 대한 속도 조절이 가능해진다. 책을 펼친다. 잠시 떠오른 순간의 기억을 기록한다. 오늘 반드시 실행할 행동을 남긴다. 다음 내용이 궁금하거나, 책이 아무리 재미있어도 욕심내지 않는다. 일정 분량만 읽고 덮는다. 책이 재미가 없더라도 힘을 조금 낸다. 하루 분량을 그냥 읽는다. 하루 10분이다. 서너 권 정도만 평단지기 독서법으로 책을 읽어본다면, 이 이야기에 공감할 것이다.

📖 2101 평단지기1–뉴스 다이어트–롤프 도벨리
📖 2102 평단지기2–다산의 마지막 습관–조윤제
📖 2102 평단지기3–돈, 뜨겁게 사랑하고 차갑게 다루어라–앙드레 코스톨라니
📖 2102 평단지기4–나, 치매요, 어쩌면 좋소–이은화
📖 2102 평단지기5–투자와 마켓 사이클의 법칙–하워드 막스
📖 2103 평단지기6–더 이상 가난한 부자로 살지 않겠다–데이비드 바크 외1
📖 2103 평단지기7–절대수익 투자법칙–김동주
📖 2104 평단지기8–역발상 주식투자–켄 피셔
📖 2104 평단지기9–현명한 투자자–벤자민 그레이엄
📖 2105 평단지기10–사업을 한다는 것–레이크 록
📖 2105 평단지기11–독학은 어떻게 삶의 무기가 되는가–야마구치 슈
📖 2105 평단지기12–파이낸셜 프리덤–그랜트 사바티어
📖 2106 평단지기13–아기곰의 재테크 불변의 법칙(refresh)–아기곰
📖 2106 평단지기14–부의 본능–우석
📖 2107 평단지기15–멀티팩터–김영준
📖 2107 평단지기16–부의 시나리오–오건영
📖 2108 평단지기17–월가의 영웅– 피터 린치
📖 2108 평단지기18–심리계좌–이지영
📖 2109 평단지기19–경제경영서 읽는 습관– 김민주, 구자룡, 한근태 외
📖 2109 평단지기20–사장의 철학–안상헌
📖 2110 평단지기21–돈의 심리학–모건 하우절
📖 2111 평단지기22–돈의 본능–토니 로빈스, 피터 멀룩
📖 2111 평단지기23–초보자를 위한 투자의 정석–우석
📖 2112 평단지기24–주식시장의 17가지 미신–켄 피셔
📖 2112 평단지기25–웰씽킹–켈리 최

2021년 미라클 평단지기 독서 리스트

자신만의 기준을 세우는 것이 중요하다

밖에서 보면 참 쉬워 보이는 자본주의 시장에는 늘 위기와 조정이 찾아온다. 하지만 직접 시장에 참가해보면 다르다는 걸 알 수 있다. 2021년 11월 2일 테슬라는 주당 1,200달러를 돌파했다. 2021년 12월이 되니 932달러로 하락이다. CNN에서 발표하는 공포 탐욕 지수가 19이다. 나스닥 종합지수는 2.46% 하락했다. 마침 새벽에 읽던 『돈의 본능』에서 8장 '시장은 어떻게 작동하는가' 중 "당황하지 마라. 투자를 그만두지도 마라."라는 피터 멀록의 어록 부분을 읽었다. "하락장에서도 주식시장에 머물러야 한다. 내일을 바라봐야 한다. 약세장은 반드시 회복되고, 조정장은 기회가 될 수 있다."라는 문장을 읽었다. 혼자 주식 창만 바라보고 있었다면 조정장에서 살아남기 어려웠을 거라고 생각한다. 팔까 말까 하루에도 열두 번 이상 고민한다. 시장에 머무르기 어렵다. 투자를 포기하면 손실이 확정된다. 2022년 1월 3일 테슬라 주가는 다시 1,199달러로 상승했다. 주가는 늘 변동한다. 벤저민 그레이엄, 워런 버핏, 켄 피셔, 피터 린치, 존 보글, 존 템플턴 경은 주식시장에서 살아남을 수 있도록 동트기 전 아침에 나를 찾아와 주었다. 이웃집에 사는 듯 말이다. 때로는 질문으로, 때로는 해답을 살짝 알려주었다. 얼마나 든든했겠는가. 그렇게 하루를 지내다 보니 하락장에서도 상승장에서도 시장에서 살아 있는 투자자가 되었다.

투자하려면 자신만의 기준이 필요하다. 어떤 성격인지도 중요하다. 자산이 얼마인지, 가족 구성은 어떤지도 중요하다. 모두에게 1억이 있다고 하더라도, 어떤 이들에게는 전 재산일 수도, 어떤 이들에게는 전 재산의 1%일 수도, 0.01%일 수 있다. 같은 돈이 아니다. 투자 고수가 알려주는 재테크 방법이라 하더라도 모든 이에게 수익을 안겨 주는 경우가 아닐 수 있다는 말이다. 결국 스스로 재테크 체력과 실력을 길러야 한다. 동료가 돈을 벌었다고 하더라도 쉽게 따라 하지 못할 수 있다. 수익이 나더라도 10%에 팔아버린 사람, 20%에 매도한 사람, 50%까지 버티는 사람, 두 배 이상 수익을 내는 사람들은 모두 다르다. 상승장에서도 어떤 이는 손실을 내기도 한다. 공포장에서 얼마나 버틸 수 있느냐가 중요하다. 모두 다르다. 레이 달리오의 원칙, 벤자민 그레이엄의 현명한 투자자, 월가의 영웅 피터 린치를 새벽마다 책 속에서 만나 주식에 대한 원칙을 세우고, 매일 아침, 나에게 적합한 것을 고민하게 하고, 나를 들여다보며, 나만의 투자 기준을 만들어 나갔다.

평단지기 독서가 '미라클'인 이유

평단지기 독서법 앞에 '미라클'이라는 단어를 붙인 이유가 있다. 신기하게도 평소 가지고 있던 고민에 대해 아침마다 책에서 답을 찾았기 때문이다. 한두 번이 아니었으니 기적이라는 생각이 들게 된 것이다. '기회인가?' 물었을 때 나폴레온 힐은 '그럴지도 모른다.'라고 답해줬다.

평단지기 독서의 여러 장점 중에 3가지만 소개하면 다음과 같다.

① 하루에 짧은 시간으로도 책을 읽을 수 있다.
② 스스로 생각하는 시간을 가지고, 하루가 아니라 며칠 동안 정독하기에 책이 오래 기억에 남는다.
③ 한 번에 실천하기 어려운 방법도 조금씩 해내니 기대 이상의 결과와 습관이 만들어진다.

미라클 평단지기 독서를 통해 재테크 방법을 찾아서 투자를 진행하기도 했다. 조정장을 만났을 때도 마음의 평화를 유지했다. 언론과 남들이 뭐라 하더라도 절대로 흔들리지 않는 투자자가 된다. 시간 관리, 자기 계발, 건강관리, 인생, 행복, 감사에 대해 배우고 익히며, 좋은 습관으로 만들어간다.

모든 방법에 장점만 있는 경우는 드물다. 평단지기 독서도 단점이 있긴 하다. 조금씩 나눠서 읽기 때문에 책 전체의 맥락을 놓치는 경우가 있다. 조금씩 나눠서 읽으면 적용할 게 너무 많다. 그럴 때 평단지기 독서를 끝낸 후 기록해 둔 내용을 모아 다시 한 번 읽어보면 새록새록 기억이 난다. 전체 맥락을 다시 잡고, 적용할 점 중에서 3가지만 뽑아 평생 좋은 습관으로 만들 수 있다.

미라클 평단지기 독서를 위해 책을 선정하는 나만의 5가지 기준은 다음과 같다.

첫째, 평소 걱정하고 고민하는 분야의 책을 고른다. 내 문제가 무엇인지 매일 고민한다. 나에게 맞는 방법을 찾아 하나씩 행동으로 옮긴다. 책을 완독할 때쯤 해결책을 찾는다.

둘째, 배우고 싶은 분야의 책을 고른다. 욕심내지 말고, 하루에 하나만 배우겠다는 마음이다. 하나씩만 실천하면 된다. 책을 완독할 때 즈음 나는 전문가가 되어 있다.

셋째, 동기부여, 자기 계발 서적을 고른다. 하루에 하나씩 개선한다. 어렵게 느껴지던 습관이 자연스레 익숙해진다.

넷째, 어려운 책, 벽돌 책, 고전을 읽는다. 두꺼워서 못 읽는 독자가 많다. 두껍기에 중요한 내용이 많이 들어 있다. 그런 책을 읽어낸다면 남들보다 앞선 사람이 된다. 전자책으로 보면 얼마나 남았는지 심리적 압박을 줄일 수 있으니 참고하길 바란다.

다섯째, 전자책으로 읽는다. 여행을 가도, 출장을 가도 쉽게 가져갈 수 있어서다.

매일 아침 읽는다. 매일 생각을 기록한다. 오늘 바로 행동을 실천한다. 아침에 읽고, 점심시간에 다시 들여다보면서 상기시키고, 저녁까지는 꼭 해내고 말겠다는 의지를 갖는다. 조금씩, 아주 조금씩 말이다. 평단지기 독서법은 저녁보다 아침에 읽는 평단지기 본연의 모습을 권한다. 내 경우 저녁에 책을 읽고 자면 아침에 기억나지 않는 경우가 훨씬 많았다. 아침에 읽는 평단지기 독서법을 추천하는 이유다. 자기 전에는 나의 성공 일기(잘한 점과 잘못한 점 기록)를 통해 '수고했다!'라고 나에게 소리 내어 칭찬해준다. 아침부터 평소 관심사에 관한 공부와 생각으로 하루가 가득 채워질 수 있다. 관심을 가지기 시작하면서부터 보이는 것, 들리는 것이 달라지기 마련이다. 그동안 관심이 없어서 보이지 않았고, 들리지 않던 것이 대부분이다. 미라클 평단지기 독서법을 시작하면서부터 인생의 태도가 달라졌다. 새로운 무언가를 배우면서, 『시크릿』에 나오는 끌어당김의 법칙이 적용되고 있는 느낌이랄까. 매일 새벽 나를 만난다.

천천히, 멈추지 않고 평생 할 수 있게 읽어라

여기서 잠시 이 책 읽는 동안 평단지기 독서법을 바로 연습해 보면 좋겠다. 이 책의 끝에 평단지기 독서법 기록 노트를 첨부해 두었다. 빠르게 읽는 대신 평단지기 독서법은 하루에 한 꼭지만 읽거나 10분 분량만 읽는다. 책 한 권은 적어도 일주일에서 열흘 이상 나누어서 읽게 된다. 책을 덮으면 나처럼 기억에 남는 게 없을 수 있으니 여기에서 시작해보자. 자 그럼, 꼭 따라서 해보길 바란다.

첫째, 이 책의 처음부터 여기까지 읽은 책 내용 중에서 머릿속에서 계속 맴돌거나 처음 알게 된 내용이 있으면 문장 하나를 찾아보자. 딱 한 문장만 선택하여 오늘 문장에 적는다.

둘째, 이번 장을 읽으며 떠오른 순간의 생각을 적는 것이다. 책과 연관되는 정보를 찾아봤거나 공감이 가는 내용이나 어제 하루 있었던 감사한 일이나 멋진 일, 오늘의 목표, 확언, 다짐도 좋다. 오늘 생각에 적는다.

셋째, 가장 중요한 사항, 적어도 오늘 바꿔보고 싶은 행동을 찾는 게 포인트다. 오늘 당장 실천하기 쉬운 걸 고른다. 예를 들어 '평단지기 독서법 한 번 따라 해보기' 등이다. 꼭 오늘까지 처리할 수 있는 걸 기록한다. 그날의 성공일기를 통해 잘한 점은 칭찬하고, 잘못한 점을 개선한다.

한 문장을 골라 읽고, 기록하고, 그것을 행동한다. 오늘! 이는 나를 관찰하고 연구하는 과정이다. 대학교, 대학원 석사, 박사 과정의 10년의 연구, 16년 동안 연구소에서 근무하던 연구원 생활 덕분에 '나 자신'에 대한 연구 습관이 저절로 몸에 밴 듯하다. 영어로 표현하면 'Read, note, do it, today.'다. 앞 글자를 따서 해시태그 #RnDiToday를 붙였다.

소리 나는 대로 읽으면 알앤디아이투데이다. 연구의 Research와 개발의 Development를 약어로 연구·개발(R&D)이라고 부른다. 오늘의 나를 연구·개발하자는 의미다. 만약 자신의 블로그나 인스타그램 SNS에 #RnDiToday 해시태그로 이정표를 달아두면, 함께하는 사람들이 찾아와 응원할 수 있는 평단지기의 리본이 되길 바란다.

2022년 1월, 정민 교수의 『책벌레와 메모광』을 우연한 기회에 읽게 되었다. 조선시대 문장가 홍석주의 젊은 시절 독서 방법이 소개되었다. 홍석주도 날마다 한 권의 책을 일과에 따라 일정한 분량을 정해두고 읽었을 뿐 아니라, 동시다발 독서를 병행했다고 기록되어 있었다. 바로 그동안 실천하고 있었던 미라클 독서법과 일치한다는 사실에 깜짝 놀랐다. 조선시대나 2022년이나 책 읽는 방법은 여전하다는 사실을 깨달았다. 읽는 사람과 책이 다를 뿐이었다.

성공은 독서로 시작해서 독서로 끝난다. 성공한 사람들은 예외 없이 독서가들이었고, 기록하는 사람들이다. 순간 떠오른 생각을 기록으로 남겨본다. 지금 당장 필요하진 않아도, 적어두고, 붙든다. 차곡차곡 쌓여 기록해 둔 것들의 연결고리가 생겨날 때가 비로소 성공의 씨앗이 된다. 자신의 인사이트로 연결이 이루어질 때 기회가 보인다. 새로운 사업의 아이템이 탄생되기도 하고, 보이지 않던 투자 포인트로의 연결까지 가능할 수 있다. 이 모든 걸 평단지기 독서법을 통해 스스로 만들어 낼 수 있게 된다. 이렇게 평단지기 독서법으로 읽자. 천천히, 멈추지 않고 평생 읽을 수 있게. 혼자 읽는 진짜 독서다.

2
DIY 실행 독서법

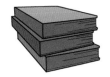

어떻게 읽어야 제대로 읽을 수 있을까?

책을 무조건 많이 읽으면 될까? 단순히 그냥 '읽기'에만 목적이 있는 독서는 충분히 이해하고 내 것으로 만드는 데 어려움이 있다. 책에 나온 이론들이 내게도 적합한 방법인지 판단하는 과정이 필요하다. 그렇다면 어떻게 읽어야 제대로 읽을 수 있을까? 소설책, 만화책, 자기계발서, 경제 경영서에 관한 책을 읽더라도 하나라도 배우겠다는 마음이 생기는 DIY 실행 독서법을 소개하려 한다. 앞서 설명한 미라클 평단지기 독서법을 위한 심화 과정으로 볼 수 있다. 책을 읽고 적어도 한 가지 이상 나를 성장시키기 위한 방법을 찾아보는 마음부터 시작된다. 그래서 Do it Yourself!(DIY) 실행 독서법이다.

책을 읽을 때, 책에 쓰인 결론보다 저자가 책에서 결론을 도출하기까지의 과정에 초점을 두면서 읽는 방법이다. 즉, 저자가 인용한 데이터의 원본 출처를 유심히 챙겨본다. 신문 기사나 유튜브, 블로거 데이터를 볼 때 특히 유용하다. 주식 또는 부동산 전문가들이 출간한 경제 경영서들은 나온 지 몇 년 전 책들도 있다. 벤저민 그레이엄, 워런 버핏, 레이 달리오, 피터 린치 등 주식 전문가들의 책뿐 아니라 몇 년 전에 나온 경제 경영 분야의 주식, 부동산 책을 읽을 때 주로 활용하는 독서법이다.

지식을 축적하기 위해서는 책에 나온 내용들을 요약하며 기록하는 편이다. 그리고 책에 나온 그래프나 표에 대해서는 출처를 확인하여 하나하나 찾아가며 직접 따라 해본다. 찾은 정보들은 블로그나 카페에 해당 사이트의 링크를 참고하여 기록하고 있다. 에버노트에도 관리하곤 했는데, 직접 기록해둔 것을 인터넷이 접속되는 곳이라면 어디서든 바로 검색하여 찾아볼 수 있도록 DB관리를 블로그에 하고 있다. 필요할 때 다시 찾아보기 편하기 때문이다. 네이버 블로그의 경우 1년 전, 2년 전 오늘 글을 볼 수 있는 서비스가 제공된다. 내가 1, 2년 전에 작성한 글을 보여주기 때문에, 현재는 어떻게 변했는지 과거와 바로 비교해볼 수 있는 장점이 있다. 이는 주요 이슈에 대해 블로그에 모두 기록으로 남겨두었기 때문에 가능했다.

그래프나 표의 출처를 찾아보자

책이나 신문에 나온 데이터들의 원본 출처를 찾다 보면, 어떤 날에는 보기 편하게 가공하여 새롭게 시작한 서비스 사이트를 발견하기도 한다. 경제선행지표를 찾아보기 위해 네이버에서 검색하다가 TradingEconomics라는 사이트를 알게 되었다. (해당 사이트는 몇 개월 후『미국주식 처음공부』에 소개되었음을 평단지기 독서법을 하다가 발견했다.) 다른 블로거나 유튜브, 책에서 본 적이 없는 신규 사이트였다. 해당 사이트는 주요 세계 경제지표를 영어, 한국어로 서비스를 단순한 표 형태로 제공하고 있었다. 책 읽는 것을 잠시 멈추고 아래 사이트(ko. tradingeconomics.com)를 방문해 보자. 2022년 3월 6일 기준 데이터와 현재 데이터가 어떻게 달라졌는지 비교해보면 된다. 이런 독서법을 배워보고 싶다면 꼭 한 번 확인해보기 바란다. 이렇게 출처를 찾아 책을 읽는 방법을 바로 DIY 실행 독서라 부르기로 했다. 직접 해보면 알 수 있다. 신문이든, 참고문헌이든 상세 자료를 찾아보고 싶을 때 이용한다. 과거의 데이터가 아니라 현재 시점에서 참고 데이터가 궁금할 때 이용하면 된다. 이제 책에서 그래프나 표를 볼 때 출처를 꼭 확인해보길 바란다. 언제든 활용할 수 있다.

COUNTRY	국내 총생산	국내 총생산 YOY	국내 총생산 QOQ	금리	물가상승률	실업률	예산	부채	당좌 계정	인구
미국	20937	5.60%	7.00%	0.25%	7.50%	3.80%	-14.90%	128.10%	-3.10	329.48
중국	14723	4.00%	1.60%	3.70%	0.90%	5.10%	-3.70%	66.80%	1.80	1412.60
유럽 지역	13011	4.60%	0.30%	0.00%	5.80%	6.80%	-7.20%	98.00%	3.00	342.41
일본	4975	0.70%	1.30%	-0.10%	0.50%	2.80%	-12.60%	266.20%	3.20	125.67
독일	3846	1.80%	-0.30%	0.00%	5.10%	5.00%	-4.30%	69.80%	7.00	83.17
연합 왕국	2708	6.50%	1.00%	0.50%	5.50%	4.10%	-14.90%	94.90%	-3.50	67.08
프랑스	2630	5.40%	0.70%	0.00%	3.60%	7.40%	-9.20%	115.70%	-1.00	67.29
인도	2623	5.40%	12.70%	4.00%	6.01%	8.00%	-9.40%	73.95%	0.90	1347.12
이탈리아	1886	6.20%	0.60%	0.00%	5.70%	8.80%	-7.20%	155.80%	3.60	59.64
캐나다	1644	4.00%	1.60%	0.50%	5.10%	6.50%	-14.90%	117.80%	-1.90	38.01
대한민국	1631	4.20%	1.20%	1.25%	3.70%	3.60%	-6.10%	42.60%	3.50	51.78
러시아	1484	4.30%	-0.80%	20.00%	8.73%	4.40%	-3.80%	17.80%	2.40	146.20
브라질	1445	1.60%	0.50%	10.75%	10.38%	11.10%	-13.40%	88.83%	-0.72	211.82
호주	1331	4.20%	3.40%	0.10%	3.50%	4.20%	-4.30%	24.80%	2.50	25.68

TradingEconomics 국가별 경제지표(출처: https://ko.tradingeconomics.com)

한 번 더 시도해보기로 하자. 다음은 2022년 3월 3일 기준 SPY ETF 종목의 보유종목 상위 15위에 있는 기업들의 비중이다. 데이터의 출처는 https://etfdb.com이다. 자, 책 읽는 것을 잠시 중단하고, 스마트폰이나 컴퓨터에서 웹페이지를 확인하자.

① 검색창에서 SPY를 검색한다.
② 종목이 나타나면 좌측 메뉴에서 Holdings를 찾아 클릭해본다.

Top 15 Holdings를 확인할 수 있을 것이다. 지금은 어떻게 비중이 변했는지 옆에 적어둔다. 이 책을 읽고 있는 지금 시점과 어떻게 달라졌는가? 몇 달 아니 몇 년이 지난 경우도 비교해보면 Apple 기업의 비중이 얼마나 변화가 있었는지, 상위 15종목의 변화는 있는지 등을 확인해보면 된다.

SPDR S&P 500 ETF Trust Price:$432.17 ⬍ Change:$3.54 (0.81%)
Category:Large Cap Growth Equities , Last Updated:Mar 03, 2022

Top 15 Holdings

Symbol	Holding	% Assets ▼
AAPL	Apple Inc.	6.98%
MSFT	Microsoft Corporation	6.06%
AMZN	Amazon.com, Inc.	3.57%
GOOGL	Alphabet Inc. Class A	2.18%
GOOG	Alphabet Inc. Class C	2.03%
TSLA	Tesla Inc	1.92%
NVDA	NVIDIA Corporation	1.63%
BRK.B	Berkshire Hathaway Inc. Class B	1.59%
FB	Meta Platforms Inc. Class A	1.32%
UNH	UnitedHealth Group Incorporated	1.23%
JNJ	Johnson & Johnson	1.18%
JPM	JPMorgan Chase & Co.	1.11%
PG	Procter & Gamble Company	1.00%
V	Visa Inc. Class A	0.94%
HD	Home Depot, Inc.	0.93%

SPY ETF가 보유중인 기업의 비중(출처: https://etfdb.com)

타인의 기준이 아닌 나의 기준

부동산시장도 마찬가지다. 지금 사는 곳 주변 아파트 주간 시세 동향, 실거래가 등이 궁금하지 않은가? 궁금하면 직접 찾아보면 된다. 매주 목요일 오후부터 한국부동산원, KB 부동산시세를 기준으로 주간 아파트 시세 동향 보도자료가 각 사이트 보도자료로 올라온다. 어느 지역이 가격이 올랐는지 내렸는지 직접 찾아보는 것이다. 매주 또는 매월 주기적으로 모니터링을 하면서 기록으로 데이터를 남기며 생각을 직접 정리한다. 물고기 대신 낚시하는 법을 하나 배운 셈이다. 주변 아파트 시세를 파악하는 방법의 하나일 뿐이다. 부동산 전문가도 여러분도 같은 데이터를 보는 것이다. 가공된 데이터를 읽는 대신, 원본 데이터를 직접 확인한다. 같은 데이터를 봐도 보는 사람에 따라 해석이 다르다. 이것이 포인트다. 투자를 위한 판단은 좀 더 정확해야 한다. 결론을 내리기 위해 종합적인 데이터 분석도 필요하다. 타인의 기준이 아닌 내 환경에 적합한 기준인지 해석할 필요가 있다.

책 읽을 때도 출처를 확인하는 습관이 생겼다. 책, 신문, 잡지, 유튜브를 보면 눈앞에 바로 보이는 데이터들보다 해당 데이터의 출처나 소스가 무엇인지 더 궁금하다. 직접 데이터의 원문을 찾았다. 언제 데이터가 주기적으로 공지되는지 알 수 있었다. 그렇게 나만의 데이터베이스가 만들어졌다. 주식이든 부동산이든 한 번 보는 데 그치지 않고, 주기적으로 지켜보면 자신만의 인사이트가 생긴다. 매주, 매달 보도자료가 나오는 날짜는 일정 캘린더에 추가해 두었다. 주별, 월별, 분기별, 연도별 발표되는 데이터들이 있다. 놓치고 지나갔더라도 다시 찾아보면 된다. 매일 중요한 정보를 놓칠까 봐 뉴스만 보다가, 필요할 때 직접 찾아볼 수 있는 방법을 찾게 된 것이다. 과거의 데이터가 모두 기록된 경우라면 직접 어떤 시점에 관해 확인도 가능하니 말이다. 빅데이터 분석 도구가 점점 좋아지고 있어서, 그 데이터를 주기적으로 찾아보는 것도 도움이 된다.

원본 데이터를 직접 보면서 자신만의 생각 연습 후에 다른 분석 데이터를 살펴보길 바란다. 나의 시각과 타인의 시각이 어떻게 다른지 확인하면서 말이다. 보는 관점이 다르기에, 점점 사고의 폭도 넓어진다. DIY 실행 독서법을 해보면 좋은 자료의 출처들을 많이 알게 된다. 그동안 몰랐던 방법들을 하나둘 직접 실행해본다. 다만, 처음에 좋아 보여서 직접 시도한 것들이, 내게는 익숙하지 않고 따라 하기 힘든 경우들도 물론 있다. 그런 경우 과감하게 잊어버리기로 했다. 다른 책을 읽으면 새로운 방법들을 다시 찾을 테니 말이다.

눈으로만 읽고 간접적인 생각만으로는 한계가 있다. 작가의 생각과 내 생각에 차이가 있을 수 있다. 하지만 최고의 공부는 단연 직접 경험이다. 오늘도 나만의 속도에 맞는 평단지기 독서의 DIY 실행 독서를 하는 중이다. 책을 읽고 생각할 때는 시간이 더디게 흐른다. 완독하는 것이 독서의 목적이 아니라, 읽고 있는 순간순간이 공부다. 새로운 걸 알아가는 기쁨을 느끼면서 독서를 하면, 어느 날 아주 많이 성장한 자신을 만나게 될 것이다.

3

흔들리지 않는 기준 독서법

k개 그룹의 중심점

대학원 시절 전공 분야는 신호처리였다. 흔들리는 데이터가 시스템에 어떤 영향을 주는지 살펴보았다. k평균 알고리즘이 그것이다. k개 그룹의 임의의 중심점을 선택하고, 각 데이터와 k개 그룹 중심점과의 거리를 계산한다. 가장 거리가 짧은 그룹에 데이터를 포함한다. k개 중심점을 분류된 데이터들로 다시 계산한다. 이런 과정을 오차범위 안으로 중심점이 바뀌지 않을 때까지 반복 계산한다. 결국 데이터들은 k개의 그룹으로 구분되고 각 중심점이 정해진다. 중심점의 위치는 몇 개의 k로 구성되는

지 중요하다. k에 따라 중심점의 위치가 바뀔 수 있기 때문이다. 그룹의 중심점 계산 시 단순 산술평균을 활용하므로, 이상치(outlier) 또는 잡음(Noise)이 존재하면 중심점이 쉽게 흔들린다. 비중이 작은 이상치를 제외하고, 최적의 k의 개수를 하나씩 증가시켜 가는 과정으로 최적의 결과를 찾는 방법을 찾아갔다. 여기에서 신호로부터 k의 개수와 중심점을 더 정확히 찾으려면 충분한 데이터가 필요하다.

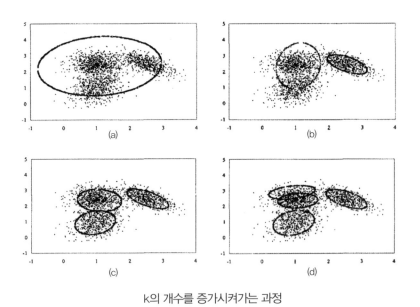

k의 개수를 증가시켜가는 과정

빅데이터, 프롭테크 시대라 불리는 지금을 우리는 살고 있다. 하루에 쏟아지는 블로그 포스팅, 책, 전 세계인이 공유하는 유튜브 등 어마어마한 자료들이 주변에 쌓여간다. 모든 것이 신호로 활용될 수 있다. 스마트폰 안에 전 세계가 들어 있다. AI가 추천하는 알고리즘 속에서 우리는 점점 자신이 원하는 것보다, 추천 알고리즘에 의해 생각이 조정되는 것 같기도 하다. 정보의 진실성을 하나둘 확인하기엔 시간이 없다. 예전처럼 1차원 데이터들도 아니고, 신호처리를 통해 이상치를 걸러낼 수도 없다. 우리는 물리적으로 볼 수 있는 시간, 들을 수 있는 시간이 늘 제한적이다. 주변의 이상치들을 걸러내고, 어떻게 중심점을 찾아가야 하나 고민하게 되었다. 중심점에 가까운 양질의 기사나 책을 읽으면 k개 그룹의 중심점을 최대한 가깝게 찾아갈 수 있겠다는 생각이 들었다.

문제의 원인을 찾는 것이 가장 중요하다

부동산시장에서 통계자료들은 주로 과거의 데이터들을 사용하여 결과 보고를 한다. 현재 시점의 시장은 통계 결과와 다른 양상을 보이는 경우가 종종 있다. 예를 들어 부동산시장에서 KB 주간 시세 동향이나, 한국부동산원에서 발표하는 아파트 주간 시세 동향이 그런 셈이다. 보고서를 발간하려면 금주 월요일 기준 데이터가 수집되어, 분석자료를 만들어 목요일에 배포한다. 우리가 접하는 통계자료는 일주일 전 데이터일 수 있다. 표본이 무엇이고, 상관관계가 어떻게 구성되어 있는지에 따라 다른 결과를 보여주기 때문이다.

기관의 보도자료가 나오면 언론마다 기사를 인용한다. 언론사의 관점에 따라 긍정적인 면, 부정적인 면을 언론사 성향에 따라 자료를 편집하여 기사로 내보낸다. 그래서 다른 신문을 보면 다른 결론이 나오는 경우가 생기곤 한다. 아파트 거래량이 늘었다고 보도하는 경우 서울 노원구는 아파트 수 자체가 많아 언론보도에도 자주 등장한다. 사실 거래량은 다른 지역과 비교하기보다 작년, 재작년 동월에 비해 늘었는지 줄었는지 비율을 봐야 하는데 말이다. 거래량은 월별 계절 영향에 따라서도 분포가 달라지는 경우가 많다. 부동산은 다차원 방정식이다. 수요, 공급, 미분양, 심리, 정책 어느 하나에 의해 좌우되는 것이 아니라 어느 순간 한 요소가 갑자기 튀어나오는 경우도 발생할 수 있다. 하나의 요소로 상관관계를 판단하면 이상치로 중심점에 왜곡이 생기듯 잘못 판단하는 경우가 생길 수밖에 없다.

부동산 114의 주간 시세 동향은 아파트와 재건축 아파트가 구분되어 있다. 하나는 오르고, 하나는 내린다면 전체 평균은 비슷하다. 언제는 재건축이 오르고, 언제는 신축이 오르기도 한다. 전체 평균이 아니라 구별, 동별, 평형별, 신축, 재건축별로 흐름도 다르다. 확률적으로 볼 때 평균 대신 중위값을 봐야 하는 경우가 생긴다. 현실적으로는 오히려 이상치를 신호로 여기는 순간이 오기도 한다.

문제의 원인을 찾는 것이 가장 중요하다. 원인이 다른 곳에 있는데, 잘못된 원인을 선정하고 해결 방안을 제시하면 다른 역효과가 생기기 때문이다. 한번은 서울의 미분양이 증가하였다는 보도자료가 있었다. 원인은 강동구 길동에 있는 '경지 아리움'이라는 아파트였다. 전용 13~26m2 정도의 초소형아파트 124가구에 계약을 단 한 명도 하지 않았다고 했다. 후분양 아파트였고, 10개 타입 중에 2개 타입만 198명이 신청했었는데, 계약은 안 했기 때문이다. 후분양 중도금, 짧은 잔금 시간이 원인이었다고 한다. 서울의 미분양아파트 증감률의 수치는 높아졌지만, 일반 아파트의 비율로 생각하면 오류가 생길 수밖에 없다.

델타 바이러스를 넘어 오미크론 바이러스가 나타났을 때, 대선이 있기 전에도 자극적인 주식, 부동산 하락/상승 전망 기사들이 자주 등장하기도 했다. 통계 결과 중에서 가장 자극적인 데이터를 서두에 내세우며, 다른 핵심이 숨겨지는 경우가 생기기도 한다. 사람들은 보이는 것만 믿는다. 보이지 않고, 모르는 다른 것을 볼 수 있는 능력, 메타인지의 확장이 필요하다. 일부 기사만 인용된 신문보다는 DIY 실행 독서법을 활용하기 위해 원래 소스를 직접 찾아보기 시작했다. 요약된 자료보다는 출처를 확인하여 원문을 찾아보는 습관이 생기게 되었다. 이후 TV, 뉴스, 블로그, 유튜브, 광고 들에서 해당 정보가 나오면, 요약된 부분 이외의 내용까지 볼 수 있는 통찰력이 길러진다.

다양성을 인정해야 한다

내가 모르고 있었던 것일 뿐, 다른 관점에서 바라보면 불가능한 것이 가능하게 바뀌기도 한다. 내가 모르는 분야, 모르는 세상이 있다는 것을 알아야 한다. k평균 알고리즘처럼 k개가 적으면 데이터의 중심점은 두루뭉술해진다. k개가 너무 많으면 국소 최소값에 빠진다. 이상치와 같은 왜곡된 사실 하나를 잘못 포함해도 오류가 발생한다. 다양성을 인정해야 한다. 세계화 속에서 전체적인 관점으로 사실에 대해 조금 이해하고 바라볼 수 있기를 바란다. 언론보도 자료에도 보이지 않는 숨겨진 데이터가 있다는 걸 기억하자. 과거의 기준과 현재의 기준도 다르니 말이다. 자신에게 질문을 통해 사실을 확인할 필요가 있다.

한 권의 책만 읽으면 한 개의 중심점으로 세상을 바라보는 것과 같다. 남편이 북튜버 김겨울의 '겨울서점' 채널 링크를 보내줬다. 처음 보는 작가였다. 구독자 수가 24만 명(22년 7월 기준)이다. 한동안 재테크, 부동산, 주식에 대한 경제 투자 분야, 자기 관리, 삶에 관한 책만 읽었기에 다른 분야의 작가들은 잘 모른다. 재테크 공부에 집중하느라 여유, 쉼, 재미, 충전을 위해 읽는 소설, 에세이, 잡지 같은 분야에 대한 독서 시간을 따로 내지 못했다. 그러다 보니 최근 유명 소설 작가들의 이름이 생소하다. 내가 모르는 분야가 많다는 사실을 그제야 깨달았다. 시간이 걸리겠지만 자신만의 빅데이터를 하나씩 쌓을 필요가 있다. 주변의 소음에도 왜곡되지 않기 위해서다. 흔들리지 않는 멘탈을 가지려면 최적의 k개 중심점을 찾아야 한다. 논문 결과에서도 사람마다 최적의 k 개수는 각각 다르게 나타났다. 보통의 논문들에서 그룹의 개수를 구할 때 임의의 k개를 기준으로 평균을 구한다. 나는 처음부터 1부터 하나씩 증가시키는 점진적인 k개의 그룹을 찾는 방법을 제안했다. 신호처리에서 최적의 k 평균 알고리즘을 찾았던 것처럼 인생에서도 책을 한 권씩 읽어나가기로 했다. 얼마나 책을 읽어야 나에게 최적인지 지금은 알 수 없다. 사람은 저마다 다르기 때문이다. 관심 분야도 다르다. 가끔 중심점과 떨어진 이상치, 같은 책을 고를 때도 있다. 경제경영, 자기 계발, 심리학, 통계 분야 위주로 책을 읽어왔던 나도 이제는 인문학, 철학, 역사책 등 다양한 분야로 점진적으로 넓혀가기로 했다. 양질의 책들로 하나씩 말이다. 다양한 분야의 책으로 메타인지가 점점 확장되리라 믿는다. 전력 질주하느라 이상치에 빠져 방향을 잃고 달려가고 있는 건 아닌지 생각하면서 말이다. 어떤 그룹과 가장 가까운지 확인하기 위해 잠시 멈춰 책을 편다.

숨 쉬듯 독서를 하면 생기는 '판단하는 힘'

평단지기 독서법의 응용 편으로는 책 읽는 시간대별 독서법이 있다. 매일 아침 책을 읽는 방법은 인간관계, 행복, 습관, 멘탈 관리를 위해 읽는 '아침 10분 읽는 자기계발서'와 자산을 관리하기 위한 부자 성공, 재테크, 투자 등을 위해 읽는 '집중시간 30분~1시간 읽는 경제경영서', 여유,

쉼, 재미, 충전을 위해 읽는 '쉬는 시간에 읽는 소설, 잡지, 에세이' 세 종류로 나누어 정해두고 읽는 것이다. 다른 책을 다른 시간대에 나눠 읽어도 책이 연결되는 마법을 발견하게 될 것이다.

독서는 다른 사람들의 성공과 실패의 경험을 손쉽게 얻을 수 있는 기회다. 책은 읽을 때마다 다른 책이 된다. 그동안 내가 쌓아온 경험이 다르기 때문이다. 자꾸 책을 읽고 자꾸 생각하고 자꾸 경험하다 보면 책은 볼 때마다 달라지는 것이다. 경험을 해본 사람과 경험해보지 않은 사람은 버티는 힘이 다르다. 밥 먹듯이 경험하고, 숨 쉬듯 독서를 하면 어떤 것이 최적인지 스스로 판단하는 힘이 생긴다. 흔들리는 주식, 부동산시장에서도 이기는 힘이다.

4

우선순위 독서법

무언가 새로 시작해야겠다는 마음

남편: "퇴직하면 뭐 하고 싶어?"

나: "응, 온종일 책만 읽었으면 좋겠다!"

남편: "그게 쉬는 거야?"

나: "응, 난 이게 쉬는 건데?"

시간으로부터의 자유를 얻으면 온종일 책을 읽고 싶다고 생각했다. 아침에 일어나자마자 책을 읽고, 점심 먹고 읽고, 저녁에 또 읽는 것. 이동 중 오디오북 듣기. 시간이 날 때면 서점에서 읽어볼 만한 책이 있나 찾아보기도 한다. 잠시 멈추면, 읽고 싶은 책들이 많아진다. 나에게 독서는 맛집 같은 존재이다. 과거에는 직장에 출근했다가 퇴근할 때면 늘 지쳤다. 퇴근 후 씻고, 저녁 챙겨 먹으면 8시다. 그제야 TV를 켜고 소파에 누워 본다. TV를 켜둔 채 한참 소파에 늘어진다. 가끔은 침대로 가서 뒹굴뒹굴하며 시간을 보냈다. 그렇게 회사 생활에 집중했던 10년이 흘렀다. 책을 읽게 된 이후로 생활이 확 바뀌었다. 집은 새로운 삶을 위한 충전소가 된다.

2015년 7월, 미국에 1년간 연구연가를 다녀왔다. 귀국 후 맞이한 직장생활은 나에게 큰 변화를 가져왔다. 사소한 감정들이 개입되면서 인간관계에 문제가 생기기 시작한 것이다. 결국 스스로 벽을 만들어버렸다. 그러자 차츰 직장생활에도 힘이 빠졌다. 관계를 회복하고자 주변에서도 도움을 주려 노력했지만, 오히려 인간관계는 더 서먹해지기도 했다. 스스로 답을 찾기엔 역부족이었다. 우연히 서점에 들렀는데, 심리학 관련 책 두 권이 눈에 띄어 구매했다. 책을 읽은 후부터 조금씩 마음을 내려놓을 수 있었다. 다만 인간관계는 쉽게 해결되지 않았다. 주변 인기 도서 책꽂이에 전시되어 있던 재테크 분야 책이 눈에 띄었다. 마침 실거주 이사를 하고 싶었던 시기여서 그랬는지 부동산 책이 눈에 들어왔다. 재테크 책을 한 권 더 샀다. 크리스마스 이브였다. 부동산 책이었는데 저자가 그동안 투자를 위해 읽었던 추천 도서 리스트가 나왔다. 다른 책들도 관심을 가지고 더 읽어봐야겠다는 생각이 들었다. 갑자기 왜 책이 눈에 들어왔을까?

직장생활에 지쳐 있던 마음의 안정을 위해 다른 무언가를 찾았다. 조금씩 마음의 평화가 찾아왔다. 인생에 대한 목표를 세워야겠다는 생각이 들었다. 우연이었다. 무언가 새로 시작해야겠다는 마음도 솟아올랐다. 재테크 공부를 시작하기로 다짐했다. 우선 책 읽기부터다. 책에 소개된 추천 도서를 다 읽어봐야지 하는 마음이 생겼다. 점점 소파와 침대에서 늘어져 있거나 뒹굴뒹굴했던 나는 독서에 빠져들고 있었다.

목적의식을 갖고 책을 읽는다

인기 도서, 신간뿐 아니라 오래도록 꾸준히 팔린 책들 중에서도 골라 읽는다. 우선 현재 닥친 문제를 해결하거나 앞으로 집중해볼 분야를 위해 관심 분야를 정한다. 예를 들어, 성공, 건강, 주식, 부동산 같은 분야다. 처음 접하는 분야는 책 제목에 이끌려 책을 골라도 좋다. 두세 권 정도 읽어보면 보이는 게 달라진다. 다음은 책 저자에 관한 관심이다. 내가 모르는 것을 알게 하는 메타인지를 확장시키는 책인가 살펴본다. 이런 방식으로 다음 읽을 책을 고른다. 인기 도서보다는 고전 같은 스테디셀

러에 관심이 생긴다. 처음 재테크에 성공하기 위한 독서로 인간관계, 성공에 관한 책과 부동산 분야 위주로 읽었다. 3년 차부터 부자 공부에 관심을 가졌다. 4년 차에 인생, 행복, 건강에 관심을 두었다. 5년 차에 주식 분야를 정했다. 이렇게 1년씩 목표에 맞게 책을 집중적으로 읽었다. 모든 책을 읽을 수 없다는 걸 안다. 하지만 1년이란 시간에 집중했다. 연중 목표에 맞게 성장할 수 있는 책들을 고르면 좋다. 책을 읽으면서 천천히 하루 1%씩 성장한다. 타인이 추천하는 책이라도 나한테도 적합하지 않은 경우가 있다. 진짜 '삶'에 대해 알맞은 책을 골라 읽는다. 하나씩 직접 골라 읽으면 딱 필요한 맞춤형 책을 우연히 만나기도 한다. 이렇게 책에 대한 목적의식을 갖고 책을 읽는다.

한 권의 책에는 한 명 이상의 통찰력이 담겨 있다

무언가를 배울 때 가장 가성비 대비 훌륭한 것이 책이다. 한 권의 책에는 한 명 이상의 통찰력이 담겨 있다. 책 한 권 쓰기 위해서는 저자들은 다른 책이나 경험을 통해 습득한 것 중에서 엑기스를 모은다. 이것이 한 권의 책이다. 유튜브나 블로그, 카페 글을 모아두었다고 하더라도 같은 시간에 책 한 권을 읽는 것이 더 유용했다. 집중도 잘되고 정리된 자료와 같아서 문해력도 높아진다. 인터넷이나 유튜브를 검색하여 전문가다운 사람을 찾으면, 그 사람의 책이 있는지 먼저 확인하는 습관이 생겼다. 한 권의 책으로 정리된 정보는 시간을 절약시켜준다. 책을 읽으면 생각할 수 있는 시간이 생긴다. 독서 노트나 메모로 순간의 기억을 남기며 내 생각을 곁들인다. 책을 다 읽고, 출간 후의 변화가 궁금하면 저자의 블로그나 유튜브, 인스타그램, 페이스북을 찾아본다. 책 출간 후 꾸준하게 보이는 저자라면 더 신뢰가 간다.

한 분야에 관한 공부를 하겠다는 목표가 생겼을 때 책을 찾는다. 몰입하는 시간을 만든다. 다른 방해를 받지 않도록 준비한다. 한 권씩 읽은 책이 쌓이고 쌓인다. 몰입하는 시간을 확보하려면 시간을 방해하는 것들에 대해 거절이 익숙해져야 한다. TV, 영화, 영상 시청을 줄였다. 책에 우선순위를 두었다. 책을 읽으니 더 즐겁다. 이게 바로 건강한 독서다.

오프라인 서점에 가면 돈의 흐름이 보인다

한 달에 한 번 정도 오프라인 서점을 방문한다. 온라인에서 전자책으로 보는 것보다 오프라인에 가서 책의 분위기를 확인한다. 목차만 보고 선정하기 어려운 책이 있다. 전체 내용을 한 번 훑어보고 소장 가치가 있는지 체크 후 종이책을 추가로 구매할 때도 있다. 온라인상에서는 책 두께를 가늠해보기 쉽지 않기 때문이다. 실제 오프라인 매장에서 쌓여 있는 책을 보면 마음이 달라지기도 한다. 마케팅 효과가 작동된다. 같은 책이 다량으로 전시될 때도 있다. 몇 권 남아 있지 않은 책이면 소비자가 많이 선택한 책이거나, 인기가 없어진 책이기도 하다. 오프라인 서점을 둘러보는 것만으로도 돈의 흐름이 보인다. 개정판으로 나온 책도 있고, 인기가 좋을 때는 표지만 새로 바꿔 나오는 때도 있다. 신뢰하는 저자의 책이 신간으로 나온 걸 발견하기도 한다.

오프라인 서점에서 책을 구경하는 순서는 다음과 같다. 서점에서 나만의 투자 성향에 적합한 투자 지침서인지 확인하는 과정이다.

첫째, 오프라인 서점에 들어가면 인기 도서 쪽으로 간다. 지난주 대비 새로 나온 신간이 있는지 확인한다. 온라인에서 추천된 책에 대한 호기심이 생기면 책을 상세히 따져본다. 요즘은 유튜버, 블로거의 책이 인기 도서에 많이 올라오는 편이다. 많은 구독자와 이웃 수를 확보하고 있어서 책이 출판되면 순위가 높아진다.

둘째, 신간 중에서 인기 도서에 있는 책 한 권을 집어 들어 첫 장을 넘겨본다. 저자 소개가 먼저 나온다. 저자에 대한 분석을 시작한다. 저자의 약력을 보고, 전공 분야가 무엇인지 살펴보는데, 책이 전문성이 있는지를 살피는 과정이다. 부동산 책의 경우에는 어느 지역 출신인지도 확인한다. 거주 지역에 따라 지역에 대한 관점이 다르기 때문이다. 과거에 쓴 책이 있는지도 살핀다.

셋째, 책 앞부분이나 뒷부분에서 발행 부수를 확인한다. 책이 초판인지, 발행 부수가 몇 쇄인지에 따라 책의 인기도를 가늠해볼 수 있다. 출판사별로 쇄당 출판 부수는 차이가 있지만 적어도 쇄당 1,000부를 찍어 낸다고 가정하더라도 4쇄만 넘어도 인기가 꽤 많은 책이다.

넷째, 추천사와 서문, 마치는 글, 뒤표지를 펼쳐 책에서 저자가 이야기 하고 싶은 메시지가 무엇인지 확인한다.

다섯째, 책장에 꽂혀 있는 책 제목을 훑어본다. 서점에서 책이 잘 보이 는 위치에 출판사는 돈을 내고 공간을 확보한다. 적극적인 홍보가 되지 않은 책 중에서 보물을 발견하게 되는 경우가 있으므로, 책장 코너에 있 는 책도 챙겨본다.

내가 직접 고르는 책! 아무튼, 독서!

집으로 돌아와 사진을 다시 보면서 인기 도서에 경제경영서, 자기계발 서가 몇 권이 있는지 세어보고, 전월 대비 달라진 책이 무엇인지도 비교 해본다. 그러면 현재의 대중들의 트렌드가 어떻게 바뀌고 있는지 파악하 는 데 도움이 된다. 그리고 다음에 읽을 평단지기 독서법에 적합한 책도 고른다. 책의 두께나, 구성, 한 꼭지당 분량을 고려하여 정한다. 즐겨 찾 는 인터넷 서점에서도 카테고리별로, 신간 도서별로, 스테디셀러별로 비 교해 가면서 지금 내게 필요하고, 우선순위에 맞는 책을 골라 읽는다.

책이 참 많다. 아무 생각 없이 읽다가는 좋은 책을 놓치기 쉽다. 책 읽 는 것이 즐겁다. 몰입하며 읽는다. 무리하지 않는다. 건강하게 읽는다.

속도보다는 방향에 맞춘다. 타인의 시선이 아닌 '나의 삶'에 대해 우선순위를 맞춰 책을 고른다. 꾸준히 읽는다. 목적의식을 가지고 읽는 우선순위 독서는 메타인지 확장에도 도움이 된다. 더 빠른 성공을 원한다면 내가 직접 고르는 우선순위 독서를 권한다. 아직 무슨 책을 읽어야 할지 모르겠다면, 서점에서 자기계발 부분 인기 도서 1위의 책 한 권을 골라 읽어보자. 독서를 하지 않으면 무엇부터 할지 알 수 없다. 아무튼, 독서!

5

서서히 스며드는 (Gradually) 독서법

책 읽는 틈새 시간을 만든다

워런 버핏, 빌 게이츠 등은 책 읽기를 무척 좋아한다고 알려져 있다.
스노우폭스 김승호 회장의 『돈의 속성』, 켈리델리 켈리 최 회장의 『웰씽
킹』에서도 부자가 되고, 사업을 하기 위해서는 책부터 읽어야 한다고 주
장한다. 부자가 되기 위해서는 무의식, 잠재의식부터 긍정과 풍요의 생
각부터 시작하는 것이다. 서서히 스며드는 평단지기 독서는 일상으로 들
어와야 한다.

책 읽는 습관이 형성된 사람들은 주변 사람들에게도 책을 권유하는 모습을 쉽게 볼 수 있다. 다만 받아들이는 처지에서는 책 읽는 것이 마냥 쉽지 않다. 나 역시도 처음엔 그랬으니 말이다. 책의 위력을 깨닫고 나서야 엄마, 남편, 언니, 조카 등 가족들에게도 책을 선물하기 시작했다. 하루는 책 읽고 새로운 사람들과 만날 수 있는 서평 모임이 있어서 언니에게 추천해주었지만, 바빠서 책 읽을 시간이 없다며 모임 참여 신청을 포기했다. 평소 책을 읽지 않는 사람들은 시간이 없어서 책을 읽지 못한다고 설명한다. 나도 처음엔 그랬다. 워런 버핏, 빌 게이츠, 피터 린치, 김승호 회장, 켈리 최 회장들은 책 읽을 시간을 따로 만들었다. 새로운 인생을 살기로 마음을 고쳐먹은 순간, 책 읽는 시간을 따로 만들기로 했다. 먼저 일과 중에 흘려보낸 시간을 기록했다. 아침에 화장하는 시간 10분, 쇼핑몰이나 커뮤니티를 들락날락하는 시간 20분 이상, 아무 생각 없이 흘려보낸 점심시간 30분, 출퇴근 시간 20분씩, 퇴근 후 TV 시청 시간 30분~1시간 등을 더해봤다. 하루에 적어도 10분 많으면 2시간 30분 정도는 확보할 수 있었다. 시간을 어떻게 활용하느냐에 따라 시간 가치는 급격하게 달라진다. 흘려보낸 틈새 시간은 책 읽는 습관으로 서서히 스며들었다.

시공간, 다른 책을 읽어보기로 했다

책을 읽어본 사람들은 느낄 수 있다. 책을 몇 권 읽다 보면 책 속의 책을 발견하게 된다. 점점 읽고 싶은 책이 쌓인다. 책을 많이 읽고 싶어서 한 번은 속독을 위한 방법도 찾아보기도 했다. 하지만 책 읽는 속도보다 방향이 중요하다는 걸 깨닫고 속독에 관한 책을 4분의 1쯤 읽다가 덮어 버렸다. 대신 동시다발로 몇 권을 읽는 방법이 없을까 고민해봤다. 그리고 방법을 찾았다. 평소 한 가지 일만 하지 못하고 멀티태스킹하는 습관이 있어서 책도 멀티태스킹해야겠다는 생각이 마침 들었다. 하루에 책 읽는 시간을 쪼개어 시간대별로 다른 책을 읽어보기로 했다.

새벽에 일어나면 단연코 평단지기 독서법으로 책 읽기를 시작한다. 자기 계발 분야나 부자에 대한 사고방식을 배우기 위한 책을 고른다. 가끔은 우선순위 독서로 정한 책을 깊게 공부할 때도 이용한다. 새벽에 읽는 독서는 명상과 마음의 평화를 얻고, 사고를 확장하는 데 도움이 된다.

외출 준비할 때 책을 듣는다. 나만 쓰는 안방 욕실은 새로운 독서 공간이다. 성능이 떨어진 아이패드나 스마트폰이 놓여 있다. 화장할 때마다 오디오북을 켜서 데일 카네기의 『인간관계론』, 『행복론』을 반복해서 들었다. 자주 잊어버리는 일상의 습관을 바꾸는 데 적합했다. 출근 전에 마인드 세팅 후 출근하면 직장과 가정에서의 인간관계를 돈독하게 해주었다. 가끔 어제 있었던 일을 후회하면서, 오늘 새롭게 시도해볼 행동들이 떠오른다.

출퇴근할 때는 가볍게 읽을 수 있는 책으로 고른다. 출근할 때는 무조건 책을 한 권 손에 들고 나갔다. 엘리베이터 기다리거나 타고 있을 때 1~2페이지는 읽을 수 있다. 차로 이동할 때는 라디오 듣는 것처럼 오디오북으로 가볍게 듣는다. 장거리 출장을 다녀올 때도 책 한 권을 선정해서 듣는다. 퇴근 후에는 부자 공부를 위한 재테크 분야 관련 독서를 집중해서 읽는다. 밑줄도 그으면서, 자료를 하나씩 찾아보기도 하고, 독서 노트를 기록하는 독서의 정석 시간을 보낸다.

이렇게 하루에 책을 2~5권 정도를 나눠서 한 부분씩 읽었다. 신기하게도 여러 권의 책을 읽다 보니 서로 다른 책이지만 아침에 읽은 책 내용은 점심시간, 저녁 시간으로 연결되는 것처럼 연결 포인트가 있다. 내일은 오늘 읽은 부분 뒷부분을 연속해서 읽는다. 사람은 확증편향을 가지고 있다. 아는 것만 보이고, 아는 것만 들리는 것이다. 내가 모르고 있다는 사실조차 모르고 있는 때도 있으므로 책을 읽거나 오디오북으로 들으면 사고가 확장된다. 서서히 나에게 스며들기 시작하는 것이다. 처음 보는 단어, 처음 듣는 단어가 한번 뇌리에 꽂힌 후에는 다른 책에서도 같은 단어, 비슷한 문장이 보이기 시작하고, 들리기 시작하는 것이다. 그렇게 반복을 여러 번 하게 되면 새로운 용어나 새로운 방법들이 서서히 나에게 스며들기 시작하는 독서법이다.

책 더 읽고 싶다

책에 빠져들면 좀 더 시간을 내어볼까 하는 생각이 든다. 잠자는 시간을 놓치는 경우도 생긴다. 오늘만 읽고 내일 하루 컨디션을 망치는 것보다는 규칙적인 시간을 정해서 책을 읽는다. 무리하지 않는다. 내일도 읽을 수 있도록 체력관리가 필요하다. 보통 잠자기 전 30분 전에는 책 읽는 것을 중단한다. 하루를 마무리하는 시간이다. 오늘 하루 동안 감사한 일, 멋진 일들을 기록한다. 'Two Thumbs up!'을 표현하는 양손 엄지척 도장을 핫트랙스에서 발견했다. 수고한 나에게 주는 '참 잘했어요!' 선물이다. 도장을 꾸~욱 찍어준다. 더 나은 내일을 위해서 말이다. 잠자는 시간을 관리하고, 책 읽는 습관을 지녔더니 오히려 '책 읽어야 하는데…'라는 강박관념 대신 '책 더 읽고 싶다….'로 바뀌었다. 책을 오늘 못 읽었다고 자책하지 않는다. 내일도 우리에게 있고, 모레도 있다. 천천히 시간을 정해서 여러 권의 책을 조금씩 읽는다. 한 달이면 네 권 이상, 1년이면 적어도 60권 이상의 책을 읽을 수 있다. 일반 대중보다는 책을 충분히 많이 읽는 편일 것이다. 책은 서서히 스며들도록 천천히 읽는다. 무리했다가 포기하는 대신, 책이 나에게 천천히 스며들도록 말이다. 하루 '10분' 독서가 점차 내 삶의 무기가 되는 중이다.

똑같은 책을 봐도 사람마다 생각이 다르다. 내 경우엔 평단지기 독서법으로 터득한 경험이 가장 큰 역할을 했다. 그래서 한 권의 책을 완독하고 다른 책을 보는 것보다 여러 권의 책을 하루 동안 동시에 읽었다. 평단지기 독서법이라면 충분히 하루에 두 권 이상 동시에 읽을 수 있었다. 한 번 보고 슬쩍 넘어간 책 글귀 하나가 다른 책에서 키워드로 나오기도 했다. 책 한 권에서 다른 책 속에 숨겨진 진주들을 발견한 것이다. 누군가는 대충 넘어간 문장일 수 있다. 다른 책들과 병행하면서 서서히 읽은 책들은 뉴런처럼 서로 간에 연결성을 보이며 더 풍요로운 정보의 확장으로 내게 다가왔다. 서서히 스며드는 평단지기 독서, 어느새 5년째다.

6
홀로 생각하는 독서법

진짜 원하는 것

후배가 신차를 계약했다더라, 누가 집을 샀다더라, 누가 월 수익이 얼마더라 하더라도 나는 부러워하지 않는다. 그들은 그들의 삶을 산다. 나는 나만의 방식으로 부를 쌓는다. 건강하게 행복한 가족을 유지하고, 사람들을 믿으며 현실적으로 살아가는 편이다. 조금이나마 부러움이 살짝 들면 잠시뿐이다. 나만의 핵심 가치가 있으니 깔끔하게 타인의 삶은 기억 속에서 사라진다. 진짜 원하는 것이 벤틀리를 타거나, 외곽지의 분양받은 새 아파트에 입주하거나, 스터디카페를 운영하여 월세를 받거나,

100만 구독자 유튜버의 삶을 살고 싶은 건 아니기 때문이다.

2022년 1월 평단지기 독서 모임의 필독서로 켈리 최 회장의 『웰씽킹』을 선정했다. 연초에 새로운 다짐과 계획 세우기에도 적합해 보였다. 책에 언급된 핵심 가치 중에서 5가지를 골랐다. 부(wealth), 가족(family), 건강(health), 믿음(faith), 현실적인(realistic). 나는 부자가 되고 싶지만, 가족과 함께 즐기고 싶고, 건강도 유지하고, 신뢰할 수 있는 믿음으로 현실적인 삶을 살아가는 것에 집중하고 있음을 알 수 있었다. 중요한 것은 바로 내가 다른 사람들과 다르다는 점이었다. 나만의 기준이다.

5년 전 개설한 내 블로그는 네이버에서 검색이 잘되지 않는다. 처음에는 어떻게든 블로그 유입에 신경을 쓰면서 글을 포스팅하기 위해 노력했었다. 하지만 요즘은 신경을 쓰지 않고 나만의 평단지기 독서법 중 하나인 오늘 생각에 집중하여 포스팅을 남긴다. 찾기 어려운 블로거를 어찌 알고 오셨는지, 유입되는 인원이 한두 명 늘어가는 게 신기하고 감사하다. 이렇게 조용히 한두 명 찾아오는 블로거 이웃이 좋다. 광고를 통해 블로그에 유입되는 수천 명의 사람보다 검색을 통해 콘텐츠를 직접 찾아와 직접 이웃 추가해주는 한 사람이 나에게 더욱 소중한 존재로 느껴진다.

생각하는 시간을 확보한다

이렇게 마음의 여유를 찾으며, 남보다는 나에게 집중하여 생각을 할 수 있게 된 계기는 바로 홀로 생각하는 평단지기 독서를 해왔기 때문이다. 책을 읽다 보면 저자가 던지는 질문들이 자주 나온다. 그럴 때마다 혼자 생각하는 시간을 확보했다. 그렇게 내 삶의 가치관을 확인할 수 있었다. 나에게 적합한 것은 무엇인가? 어떤 것이 나의 진실인가? 어떻게 하면 될까? 내게도 적합한 방향일까? 목표를 달성하기 위해서 시작한 질문들이다. 레이 달리오의『원칙』도 무엇을 해야 하는지 결정하기 위해 스스로 생각하라고 조언한다. "당신이 원하는 것은 무엇인가?" "무엇이 진실인가?" "당신은 어떻게 할 것인가?"

최상위 학생들은 수업에 집중하는 경향이 있다. 그리고 무엇보다 어떻게든 하루에 3시간 이상 스스로 공부하는 시간을 확보한다. 그렇게 자기만의 시간을 갖고 공부하기에 원하는 곳에 입학한다. 중요한 점은 혼자 고민하는 시간을 확보했다는 것이다. 누군가의 조언을 듣고, 책을 보고, 유튜브, 강의만 듣다 보면 학원에서 수업하는 학생과 같다. 공부 잘하는 학생 중에는 학원에 다니지 않고 스스로 생각하는 연습, 사고하는 연습을 통해 실력을 제대로 쌓아가는 경우가 많다. 나는 아침마다 책을 읽고 생각 연습하는 평단지기 독서법을 통해 내 삶의 가치관을 알아가는 홀로 생각하는 시간을 쌓았다. 그동안 수많은 책, 꾸준히 읽었던 신문, 시간

가는 줄 모르고 보고 들었던 유튜브, 고수들의 강의를 뒤로한 채, 오늘 아침에도 홀로 생각하는 시간에 빠져들었다.

시차를 두고 책을 다시 펼쳐본다

평단지기 독서를 하는 중에도 중요한 기록이나 되새겨야 하는 내용은 책의 앞 페이지나 해당 페이지 상·하단에 메모를 남겨둔다. 아무리 책이 얇더라도 책의 앞부분에 나온 내용을 뒷부분으로 넘어갈수록 기억이 안 나는 경우가 생겼기 때문이다. 기억력이 떨어지는 것을 보완하기 위해서 새로운 방법을 찾았다. 한 권의 책을 완독하면 책을 며칠 덮어둔다. 다른 책을 읽는다. 그리고 일주일 정도 지나서 독서 후기를 정리한다. 곧바로 생각나는 것을 정리하는 때도 도움이 되지만, 주로 시차를 두고 후기를 기록하는 경우 좀 더 오랫동안 기억에 남았다. 사실 일주일 정도 지나면 책의 내용이 거의 기억나지 않는다. 후기 정리를 위해 책을 다시 펼쳐본다. 새롭다. 며칠 전에 밑줄 그어두었던 문장들도 왜 여기에 밑줄을 그었을까 하는 대목이 많다. 불편한 곳에 밑줄을 긋기로 했는데, 이제는 밑줄을 지워야 하는 부분도 많다. 새롭게 다른 책을 읽었기 때문에 후기 작성을 위해 다시 펼친 책에서 새로 읽은 책과의 연관 관계가 만들어진다. 맞다. 서서히 스며드는 독서에서 느꼈던 통찰력이다. 홀로 생각하는 시간을 가지면 여러 가지를 복합적으로 생각해볼 수 있다. 남들이 보지 못한 부분도 찾을 수 있는 병렬적 사고로 확장된다.

나 홀로 나무(One Tree Hill)처럼, 혼자 그리고 함께

송파구 올림픽 공원에는 유명한 '나 홀로 나무(One Tree Hill)'가 한 그루 남아 있다. 언덕에 잔디가 펼쳐져 있는데 나무 한 그루만 우뚝 자라고 있다. 1985년 86아시아 경기대회와 88올림픽 대회를 앞두고 30여 채의 민가를 철거하는 과정에서 키가 크고 모양이 예쁜 나무만 남기고 모두 베어버렸다고 한다. 이렇게 남겨진 '나 홀로 나무'를 찾아 인증사진을 남기러 온다. 공원을 한참 돌아서, 언덕을 오른다. 사진도 찍고, 근처에 자리를 펴고 쉬기도 한다. 혼자 남겨졌지만, 사람들과 함께다.

혼자 책을 읽은 후에는 함께하는 시간을 갖는 것을 제안한다. 블로그, 인스타그램, 지인들 모임, 독서 모임 등을 활용할 수 있다. 특히 독서 모임에서는 아웃풋에 집중해본다. 독서 후 느낀 점, 깨달은 점, 새롭게 알게 된 사실 등을 교환하면 된다. 정보 공유를 통해 시너지 효과를 끌어내는 것이다. 나의 경험과 독서 내용을 잘 전달하기 위해서는 생각 정리가 먼저다. 생각을 정리하는 과정에서 가치관이 정립된다. 사람들과 이야기를 나누다 보면 내 생각의 오류를 발견하기도 한다. 수정하고 보완하며 축적한다. 통찰력과 메타인지가 확장되는 순간이다.

투자를 잘하고 싶어서 독서를 시작했다. 어느 시점부터는 혼자 공부가 필요하다는 걸 깨달았다. 스스로 공부하는 사람이 되기로 했다. 아무도 없이 홀로 생각하는 독서법이기에 새로 배우는 것에 집중한다. 다른 누군가를 흉내 내지 않고, 나와 가족의 성향에 맞게 고안한 투자 방법이어야 확신이 든다. 홀로 남겨진 '나 홀로 나무'처럼 남과 다르게 홀로 생각하는 시간을 갖고, 0에서 1로 수직으로 상승하는 자신의 강점을 발견할 때다. 성장은, 누구에게나 찾아오는 새로운 새벽마다 책 속에서 평단지기 독서법으로 나를 홀로 만나는 순간 시작된다.

나 홀로 나무

7

빅데이터로 기록하는 독서법

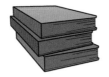

빅데이터를 쌓다

2017년부터 본격적인 재테크 독서를 시작한 후부터 약 400여 권 정도의 경제경영, 자기계발 위주로 책을 읽었다. 독서 편식을 방지하기 위해 건강, 인문, 역사 관련 책은 아주 가끔 읽었다. 수십 권의 책을 읽고 재테크 카페에서 운영하는 독서 모임에 처음 참석했다.

"아, 『데일 카네기 인간관계론』에 나와요."

"그렇죠? 『생각에 관한 생각』에 나오는 이야기랑 비슷해요."

"맞아요, 『타인의 영향력』에도 있어요."

　사람들과 대화하면서 책 제목을 마구 쏟아냈었다. 그런데 5년의 나이를 더 먹어서인지, 읽을 책이 쌓여서인지 요즘은 독서 모임에서 대화 방법에 변화가 생겼다.

"음…. 무슨 책이더라…? 아무튼 그 책에서는요…."
"아, 제목이 기억이 안 나네요. 그런데 거기엔…."

　읽은 책의 권수가 점차 쌓이다 보니 도저히 책 제목을 기억해 낼 수가 없었다. 이후 기억력 향상을 위해 독서 노트를 작성하기 시작했다. 처음 독서를 시작할 때는 중요한 문장을 필사하면서 독서 노트에 손으로 기록했다. 그러다 보니 어디에서 나온 문장인지는 검색하기가 어려웠다. 결국 독서 노트를 전자파일로 남기기로 했다. 대신 어디에서든지 바로 검색할 수 있게 시스템화하는 게 중요했다. 내가 사용하는 기록장소 세 가지는 다음과 같다.

　첫째, 엑셀에 정리하기
　둘째, 에버노트에 스크랩하기
　셋째, 블로그나 카페, 인스타그램 SNS에 공유하기

엑셀(Excel)에 정리하기

책을 읽고, 기억에 남길 내용을 엑셀 파일로 관리하는 것이다. 책 제목으로 된 엑셀 파일 양식(템플릿 활용 가능)을 하나 만들어 둔다. 엑셀 파일 양식에는 책 저자, 출간일, 읽은 날짜, 목차, 주요 내용, 키워드, 적용할 점, 깨달은 점, 한 문장을 요약한다. 기록한 내용 중에서 기억에 남는 한 문장을 고르고, 적용할 점, 키워드를 선별하여 새로운 통합용 엑셀 파일에 모은다. 책 한 권당 한 줄이 생긴다. 제목, 저자, 출판사, 출간일, 쪽, 시작 날짜, 기간, 일평균 독서(p), 키워드, 한 문장, 깨달은 점, 적용할 점을 한 줄에 기록한다. 일주일에 책 한 권을 읽었다면 1년간 모은 책 리스트가 52행이 쌓이는 것이다. 만약 책 100권을 읽었다면 100개의 행이 만들어진다. 통합된 엑셀 파일 하나가 나의 기록이다. 나를 성장시켜준 최고의 '성공' 무기다. 통합 파일에 독서 노트를 종합하는 경우 장점이 하나 있다. 한 줄을 추가하고 나서 위에 적어둔 책 목록과 적용할 점들을 스크롤해가며 위에서 아래로 한번 내리며 쭉 읽어보기 쉽다. 약 3분 정도만 살펴보면 된다. 방금 책 한 권에 대한 한 줄을 기록했지만, 과거에 내가 읽었던 책 내용들이 다시 새록새록 떠오른다. 100권, 200권, 300권이 쌓인 파일 하나가 나를 성장시킨 최고의 '성공' 도구가 된다.

제목	저자	출판사	출간일	쪽(p)	시작날짜	기간(일)	일평균독서(p)	키워드	한 문장
한줄의 기적, 감사일기	양경윤	쌤앤파커스	2014-12	256	12/30	23	11	#독서&감사일기 #"왜냐하면..."덕분에 #감사요청일기	"감사합니다. 감사합니다. 감사합니다.'를 되뇌었더니, 말이 씨가 되어 결실을 맺었습니다.
5초의 법칙	멜 로빈스	한빛비즈	2017-09	322	1/22	17	19	#5-4-3-2-1-시작한다 #용기의힘 #뭐하고있는겁니까?	모든 것을 바꾸는 용기의 힘
잘했어요 노트	나가야 겐이치	위즈덤하우스	2017-11	208	2/8	18	12	#자기관찰 #잘한일 #다음행동	우리에게 필요한 행동은 자신의 '진짜 마음'을 바라보는 자기관찰이다.
리더를 위한 관계 수업	미즈시마 히로코	21세기북스	2017-08	255	2/26	14	18	#저지먼트내려놓기 #영역의식 #변화하기좋은환경	'좋은 리더'란 부하 직원이 효과적으로 움직일 수 있게 만들어 주는 리더이다.
결국 성공하는 사람들의 사소한 차이	이와타 마쓰오	비즈니스북스	2018-01	272	3/25	17	16	#결론부터 #목적 #세미나에서질문하기	가장 단순하고, 가장 쉬운 것부터 당장 시작하고, 당신 자신만의 길을 걸어라.
프레임	최인철	21세기북스	2007-06	308	4/11	22	14	#질문의순서 #똑같은결정 #리프레임	"모든 출구는 어딘가로 들어가는 입구다."
어떻게 원하는 것을 얻는가	스튜어트 다이아몬드	에이트포인트	2017-11	404	5/20	26	16	#목표 #상대방의표준 #인간적소통	진짜 협상법은 명확한 목표를 가지고 상대방의 마음을 이해하며, 상대의 머릿속 그림을 그리고 상황에 점진적으로 접근하는 대처 방법을 말한다.
2000년 이후, 한국의 신흥부자들	홍지안	트러스트북스	2018-03	320	6/15	25	13	#구체적목표 #배움 #나만의투자원칙	신흥부자들의 공통점은 구체적으로 목표를 세운 뒤 그 계획을 쪼개고 또 쪼개서 당장 지금 현실에서 시작할 수 있는 작은 것부터 시작했다.
내가 알고 있는걸 당신도 알게 된다면	칼 필레머	토네이도	2012-05	344	7/10	29	12	#인생의현자 #장기적인관점 #다괜찮다	가장 큰 변화는 이제부터 살아야 할 시간보다 되돌아볼 시간이 길어지기 시작했다는 사실이다. 그리하여 전과는 조금 다른 눈으로 세상과 삶을 바라보게 된다.
독서는 절대 나를 배신하지 않는다	사이토 다카시	걷는나무	2015-06	208	8/8	14	15	#나만의독서기준 #발췌독 #끌리는 책	당신이 일하고 동료들과 대화를 나눌 때마다 읽은 책의 권수만큼 뒤에서 저자들이 버티고 서서 도와주고 있다고 생각해 보라. 혼자 일하는 사람은 몇 십 명이 도와주는 사람을 당해 낼 수 없다.
말그릇	김윤나	카시오페아	2017-09	312	8/22	27	12	#말그릇 #진짜감정 #열린질문	그릇이 넓고 깊은 사람은 상황과 사람, 심지어 그 상황과 사람을 바라보는 자신의 입장까지 고려해서 말한다. 살면서 만들어진 말그릇의 차이 때문이다.
최고의 변화는 어디서 시작하는가	벤저민 하빈	비즈니스북스	2018-07	352	9/18	16	22	#환경 #몰입 #자동반응	당신의 가능성은 의지력이 아니라 환경에 따라 달라진다. 당신의 역할은 달라질 수 있다.

미라클 평단지기 독서법으로 읽은 책 엑셀에 정리하기

깨달은 점	적용할 점
감사일기를 지속시킬 수 있는 힘은 독서이고, 독서를 지속시키는 힘은 감사일기입니다. 다른이의 소망이 나의 소망이 될 수 있음을 알고 감사하자. 매일 반복되는 일상에도 감사하기	• 감사 요청 일기 • 독서 느낀 점 감사일기에 기록하기 • 매일 반복되는 일상에도 감사하기
5-4-3-2-1- 시작한다!	마음의 소리가 들리면 존중하고, '5, 4, 3, 2, 1' 숫자를 센 다음 행동한다.
잘한일을 한가지 고른다: _____ 1. 상세한 사실: 구체적으로 어떤일이 있었는가? 2. 원인분석: 왜 그것이 잘한 일인가? 3. 진짜감정: 지금 솔직히 어떤 감정인가? 4. 다음행동: 내일부터 어떤 방법을 실천해 볼까?	잘했어요 노트, 자기 관찰문 꾸준히 작성하고, 다음 행동 개선하기
리더는 완벽하지 않아도 된다.	• 변화하기 좋은 환경만 만들면 된다. • (두려움) 저지먼트 내려놓기 • 서브 리더 만들기
명언과 격언들 −항상 감사합니다.　　　−세미나 참석시 질문하기 −결론부터 먼저, 단순화　　−프로는 결과로 말한다. −기록은 기억을 지배한다.　−고독은 사람을 단련시킨다. −시간과 돈을 철저히 관리한다. −사실과 판단을 구분한다. −자투리 시간에 인풋하고 긴 시간을 확보해 아웃풋한다.	• 사소한 습관 49가지 하나씩 꾸준히 익혀나가기 • 세미나 참석할 때 반드시 질문거리 준비하기 • 몰입 시간 3시간
상황에 따라 현상이 다르게 보이므로 리프레임 하면서 꾸준히 반복하기 어떤 프레임으로 제시되더라도 똑같은 결정을 내릴 수 있는 능력갖기	• 질문의 순서를 바꿔볼까?　• Why(왜) 이 일이 필요한가? • 돈에는 이름이 없다!　　• 내가 상황이다. • 상황을 고려하여 역지사지 해보기 • 빛나는 C가 되기
목표에 집중하라.	• 나만의 협상 법칙 만들기 • 목표에 집중하기 • 상대방의 표준, 진실한 자세로 임하기
내가 직접 알고 있는 계획과 지인이 추천하는 계획은 다르다. 이 세상에 '절대'나 '무조건'은 없다. 시장은 이기는 것이 아니라 대응하는 것이다.	• 관련된책 10권 추려 내것으로 만들기 • 정당한 투자방법 배우기 • 나만의 철학을 가지고 나의 성향에 맞게 • 투자 방법 조절하기
사랑하는 일을 하라. 돈은 자연히 따라올 것이다. "아무것도 당연하게 여기지 말게. 그게 내가 깨달은 중요한 교훈이라네."	• 완벽함을 포기하고 '만족스러운 정도'로 대체하라고 조언 • 하루에 한가지만 걱정하기 • 다 괜찮다 그냥 내버려두기 • 장기적으로 이익이 되도록 하자. • 내가 바뀌자. • '좋아, 해보자!'
내가 절대 거르지 않는 것은 바로 독서다. 10분 동안 2페이지를 읽든, 필요한 자료를 찾느라 10권을 읽든 날마다 독서에 투자하는 시간과 노력은 조금씩 다르지만 하루도 책을 펼치지 않은 날은 없었다.	• '전철을 타면 휴대폰을 내려놓고 10분간 책을 읽는다.'라는 계획을 세우고 실천하기 • 인사를 할 때 '지난번에 이런 책을 읽었는데 말이죠. 정말 재밌었습니다.'라고 하기
내 눈에 흡족하지 않았을 뿐. 그는 어쨌든 약속을 지켜왔다. "사람과 상황에 따라 그때그때 '말하는 방식'이 달라져야 하는데 고정된 패턴으로 말하는 사람은 다른 말이 필요한 상황에서도 앵무새처럼 같은 말만 반복한다." 질문은 배달되는 과정도 중요하다.	• 질문한 후 답을 들 을 때까지 기다려주기 • 쉬운 질문이 아닌데 말해줘서 고마워. • 누군가와 식사할 때 핸드폰 덮어두기 • 내가 실수했어, 진심으로 미안해. • 그렇게 말하니 부끄럽네. 내가 한번 더 생각해야 했어. • 갑작스러운 부탁이라 당황스럽지? • 미안해. 이번 부탁은 들어주기 어렵겠어. • 축하해. 나도 기쁘다. 정말 부러워. • 고쳐주고 싶겠지만 고치려고 하지 말고, 간섭하고 싶겠지만 간섭하지 말자.
특정한 환경이 편하다면 그 사실이 당신에게 무엇을 말해주는가? 당신은 무수히 많은 혜택을 누리고 있다. 힘들더라도 처음부터 원하는 상황을 만드는 것이 낫다.	• 개인정비 시간 확보하고 지키기 • 휴식시간 알림이 울리면, • 무조건 자리에 일어나 물을 한컵 마시고 온다. • 배우자와 함께 있을 때 스마트폰을 싶으면, • 스마트폰을 가방에 넣거나 멀리 둔다. • 꼭 필요한 모임만 참석한다.

에버노트(Evernote)에 스크랩하기

독서 내용을 에버노트에 스크랩하는 것이다. 개별 엑셀 파일로 정리한 독서 노트의 주요 문장들을 수십 개, 수백 개를 하나하나 열어 책에 나온 문장을 찾아보는 것은 시간이 많이 소요된다. 이럴 때를 대비해 엑셀로 기록한 내용을 복사하여 에버노트에 텍스트로 추가한다. 에버노트의 장점은 바로 '검색'이 쉽다는 것이다. 두 개 이상의 키워드 조합을 통해서 원하는 내용을 더 빠르게 찾는 기능도 있다. 이미지도 첨부파일로 쉽게 추가할 수 있어 책을 읽다가 기록이 필요한 그림이 있으면 함께 기록해 두기도 좋다.

에버노트에서는 'intitle:'를 활용하여 제목 검색 기능도 있어서 책이나 신문 기사 등에서 공통되는 내용을 일괄적으로 찾기에도 편리하다. 에버노트에 신문 기사를 정리하는 것도 가능하다. 크롬 웹스토어로 들어가 Evernote Web Clipper를 찾아 확장프로그램으로 설치해두면 된다. 인터넷 사이트 글을 스크랩하는 기능이 있어서 나만의 Evernote로 가져올 수 있다. 약간의 수고를 더한다면 나만의 지식창고가 차곡차곡 쌓여간다. 에버노트에서는 기록할 때는 나중에 '검색'이 쉽게 만들어야 한다. 이를 위해 에버노트에서는 태그나 키워드를 넣어두면 좋다.

에버노트에 스크랩하기

블로그/카페/인스타 SNS에 공유하기

독서는 기록하고 교환할 때 독서의 효과는 배가 된다. 즉, 아웃풋을 하

는 과정이다. 아웃풋을 할 때 기억에 더 잘 남는다. 앞에서 언급한 엑셀

파일과 에버노트 정리는 홀로 남기는 기록이다. 반면에 블로그나 카페를

통해 다른 사람들과의 소통을 함께 할 수 있는 장점이 있다. 하나둘 읽은 책을 기록하다 보면, 찾아오는 함께하는 이웃이 생긴다. 점점 비슷한 생각을 하는 이웃들과 소통이 늘어난다. 별도로 독서 모임을 하지 못해도 비슷한 책을 읽고 독서 후기를 남긴 다른 블로거나 카페 회원, 인스타그램 글을 찾아 읽으며 감상평을 공유해도 좋다. 비대면 온라인 독서 모임 같은 느낌이 난다. 나는 이렇게 생각하는데, 다른 사람은 이렇게 느끼는구나 볼 수 있고, 내 생각과 비교하며 차이점과 공통점을 발견한다. 반대로 가끔 내가 남긴 독서 후기도 이웃이 찾아온다. 공감의 댓글을 남기다 보면 책을 읽는 재미가 조금씩 더 생긴다.

22년에 이웃으로 추가한 블로그에서 나름 내게는 충격적인 사실을 발견했다. 바로 『데일 카네기 인간관계론』에 나오는 '철강왕 앤드류 카네기'와 '작가 데일 카네기'가 다르다는 포스팅이었다. 몇 번이나 반복해서 읽었던 데일 카네기 책에는 철강왕 앤드류 카네기 이야기가 있었다. 그래서 자신의 이야기를 쓴 줄 알았다. 그동안 철강왕 데일 카네기인 줄 착각했다. 새로운 사실을 깨닫게 해준 블로그 글에 댓글로 새로운 사실을 알게 해준 것에 대한 감사의 댓글을 남겼다. 이렇게 블로그와 카페, 인스타그램 SNS를 활용하면, 이웃과 함께하는 블로거, 회원과 함께하는 카페, 인친과 공유하는 인스타그램에서 공감대가 만들어지게 된다. 또한 에버노트처럼 내가 남긴 블로그나 카페 글에서도 원하는 키워드를 입력해 두었다면 찾고 싶은 내용을 검색할 수도 있다.

가장 빠른 지름길은 지름길을 찾지 않는 것이다(feat.오늘 생각!....

2021. 1. 29. 💬2

한 가지 소원이 있다면 한 사람을 정해 그와 나란히 서라 (feat. ...

2021. 1. 28. 💬0

남들만큼 살기 위해 스스로를 포기하지 말라 (feat.최수의딜 레마

2021. 1. 27. 💬2

신의 한 수, 인간은 되돌아볼 때마다 어른이 된다

2021. 1. 26. 💬0

배움에 취한 자신에게 홀리지 말고 배움 자체에 취하라

2021. 1. 25. 💬4

굳이 가득 채우려고 애쓰지 마라

2021. 1. 24. 💬0

해야 할 일과 할 수 있는 일을 구분해야 어른이 된다

2021. 1. 23. 💬0

좋은 친구를 얻는 방법은 먼저 좋은 친구가 되는 것이다

2021. 1. 22. 💬1

친구란 같은 위치에서 같은 곳을 바라보는 존재다

2021. 1. 21. 💬0

설득은 자기 자신부터 설득하는 데에서 시작된다

2021. 1. 20. 💬0

세상을 바꾸고 싶다면, 책상부터 정리하라

2021. 1. 19. 💬1

예술은 말로 할 수 없는 것을 말하는 것이다

2021. 1. 18. 💬0

일상의 사소한 것들이 모두 나의 스승이다

2021. 1. 17. 💬0

좋은 생각과 좋은 행동 사이만큼 먼 것이 없다

2021. 1. 16. 💬0

매일, 기본으로 돌아가라 - 〈다산의 마지막 습관〉 조윤제

2021. 1. 15. 💬0

뉴스없이 풍요로운 일상을 사는 방법

2021. 1. 14. 💬0

블로그에 공유하기

'검색' 기능을 활용하기

엑셀 파일, 에버노트, 블로그/카페/인스타그램 등을 활용하여 책을 읽고 기록을 남기는 독서를 하고 있다. 이렇게 하는 이유는 앞서 말한 것처럼, 내가 모든 책의 내용을 더 이상 기억할 수 없기 때문이다. 처음 몇 권은 어느 방법이나 비슷하지만, 책을 읽는 권수가 늘어갈수록 모든 책의 내용을 기억하는 건 불가능하다. 필요할 때 바로 찾아볼 수 있고 소가 되새김질하듯 독서도 되새김하면서 기억하고 싶은 내용을 반복적으로 살펴보는 것이 중요하다. 내 기억력을 믿는 대신 어딘가 기록해두고 '검색' 기능을 활용할 수 있는 기록하는 독서를 한다. 내가 읽은 책이 다른 이에게 조금이나마 도움이 되길 바란다. 다른 이에게 공유하다 보면 의무감도 자발적으로 생겨 중단하는 걸 예방하는 데도 도움이 된다. 나는 오늘도 나의 블로그와 카페, 인스타그램에 정리 글을 공유했다.

책의 내용을 기록할 때 모든 내용을 다 기록하는 것은 불가능하다. 책을 읽다가 처음 알게 된 사실, 다음에 다시 찾아볼 내용, 다른 사람들에게 공유하고 싶은 문장, 적용하고 싶은 문장을 구분하여 기록하면 좋다. 종이책과 전자책을 읽을 때 구분하는 방법을 다르게 하고 있다.

종이책을 읽을 때 기록하는 방법

먼저, 종이책을 읽을 때 기록하는 방법은 다음과 같다.

연필이나 형광펜을 들고 책을 읽으면서 기록을 바로 할 수 있다. 그리고 중요한 부분에 포스트잇을 붙이거나 귀접이를 한다. 포스트잇을 책이랑 항상 같이 갖고 다니지 않으니 요즘은 책 귀접이를 주로 활용한다.

읽었던 책을 재독하거나 책 후기나 서평 작성 시 접어둔 귀접이를 보면 쉽게 찾을 수 있다.

첫째, 상단부에 적은 내용 중 다시 챙겨볼 중요한 부분이 있는 종이 윗부분을 귀접이를 한다.

둘째, 하단부에 적은 내용 중에서 반드시 따라 하겠다고 다짐하는 부분이 있다면 종이 아랫부분을 귀접이를 해둔다.

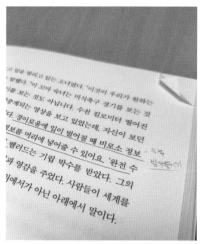 

종이책 기록 방법

책을 읽다가 떠오른 생각을 메모할 때도 나중에 원하는 내용을 찾아보기 쉽게 기록하는 것이 좋다. 예를 들면, 다음과 같다.

첫째, 책의 상단 여백에는 다른 사람에게 공유하고 싶은 부분, 처음 알게 된 내용의 키워드를 기록한다.

둘째, 책의 하단 여백에는 이 책에서 내가 적용할 부분을 기록한다.

책을 읽는 중간에는 책의 첫 빈 페이지에 페이지와 키워드를 기록해두기도 한다. 책 읽기가 끝나면 귀접이 한 페이지를 골라 주요 정보를 간단하게 기록하면 된다. 이때 깨달은 점과 다시 보면 도움이 될 것들을 남겨둔다. 일주일 후 여기에 적어둔 내용을 상기한다. 전자파일이나 블로그, 에버노트에 따로 옮겨 적는다. 이렇게 하면 반복 효과와 상기 효과까지 누릴 수 있다. 책의 내용이 더 오래 기억에 남는다.

전자책을 읽을 때 기록하는 방법

전자책을 읽을 때 기록하는 방법은 다음과 같다.

내 경우에는 주로 리디북스를 활용하고 있기에 리디북스의 예를 들어 설명하겠다. 전자책엔 책갈피를 설정하는 기능이 있지만 종이책처럼 위쪽, 아래쪽 귀접이를 구분하는 기능이 없다. 대신 리디북스는 형광펜 기능을 활용한다.

첫째, 책을 처음 읽으며 밑줄 긋고 싶은 문장은 노란색 형광펜으로 줄을 긋는다.

둘째, 책을 읽다가 다른 사람에게 공유하고 싶은 문장들을 만나면 하늘색 형광펜을 사용한다.

셋째, 마지막으로 책에서 내가 적용할 문장은 보라색 형광펜을 활용하여 밑줄 긋는다.

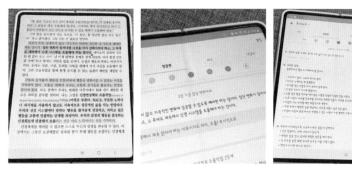

전자책 기록 방법

그리고 밑줄 긋기 어려운 표나 그림의 경우 인용할 때나, 후기를 작성할 때, 다시 이 책을 찾아볼 때 바로 확인할 수 있도록 '책갈피' 기능을 활용하여 표시해 둔다. 형광펜 색상별로 카테고리를 나누어 밑줄을 긋는 이유는 리디북스에서 제공하는 기능 중 색상별로 필터링하여 보여주는 기능이 있기 때문이다. 노란색 형광펜의 밑줄들만 확인하면 책의 내용을 간단하게 되새길 수 있다. 하늘색 문장으로 선택하면 다음에 강의나 세미나를 할 때나 다른 사람에게 내용을 소개해줄 때 인용할 수 있는 문장들만 보인다. 보라색 형광펜으로 고르면 이 책에서 내가 실천할 부분만 볼 수 있다. 책 한 권에서 보라색 형광펜만 남겨도 충분한 가치가 있는 책이다.

내 인생의 기록이 된다

책 한 권에서 각자의 '삶'에 적용하는 부분은 사람마다 다르다. 때로는 저자가 내세우는 내용이 아닌 일반적인 사례 설명이나 평범한 문장이 공감을 일으킬 때도 있었고, 도움 되는 경우도 많았다. 저자와 나의 경험이 다르므로 적용할 점이 다르기 때문이다. 나의 부족한 점을 채워주는 한 문장만을 기록하는 것으로도 충분하다. 나의 독서 노트 기록이 쌓이면 내 인생의 기록이 된다.

기억력이 나쁜 편이다. 기억력이 없다고 자책하지는 않았다. 있는 그대로 인정하며 살았다. 남과 다른 나만의 방법을 찾고 싶었다. 반복하고 반복하여 읽는다. 기록으로 남긴다. 그리곤 잊는다. 필요할 때 검색한다. 검색하기 쉽게 어딘가에 기록해두는 것이면 충분했다. 어딘가에 보관하고 있다는 사실만 기억해둔다. 내용은 다른 곳에 보관하기로 했다. 복잡한 머릿속을 비우는 기록 프로세스를 익혀두면 내 머릿속 여유 공간이 더 확보된다. 빅데이터는 시스템화하고, 생각하는 속도를 높이는 방법이다.

8

똑똑한 관리 독서법

어디서든 할 수 있는 평단지기 독서

매일 아침 평단지기 독서법으로 선정하는 책은 전자책을 주로 이용한다. 어딜 가든 책을 가져가기 쉬워 매일 읽고 블로그 포스팅이 가능하기 때문이다. 신간 도서는 종이책보다 전자책이 늦게 나오는 경향이 있어서, 평단지기 독서용 책을 선정할 때는 스테디셀러나 오래된 책들에서 고른다. 놓치고 지나쳤던 진주 같은 책을 발견하여 똑똑해지는 기회가 생기기도 한다.

727페이지의 대니얼 카너먼의 『생각에 관한 생각』은 평단지기 독서법으로 2달 정도의 시간이 소요되었다. 평단지기 독서법으로 288페이지의 『뉴스다이어트』는 2주 정도 걸렸다. 이 책을 읽는 기간은 뉴스를 끊어보기도 했다. 236페이지 『더 이상 가난한 부자로 살지 않겠다』라는 책은 일주일간 읽었다. 투자에 필요한 재테크 독서는 퇴근 후 30분 정도 일주일 동안 읽었다. 빨리 읽고 싶은 책이면 주말에 몰아서 3~4시간 몰입하여 한 권을 읽기도 한다. 책 읽는 속도를 측정하고, 독서 목록을 관리하기 위해 구글 캘린더를 활용하거나, 독서 기록용 앱을 활용하고 있다.

구글 캘린더에 기록하다

먼저 구글 캘린더에서 책을 기록하는 과정을 소개하면 다음과 같다.

첫째, 전용 일정 카테고리를 하나 만든다.

둘째, 책 제목과 저자명을 일정으로 등록한다.

이때, 일 년 동안 내가 읽은 책의 권수를 쉽게 파악하기 위해 책 제목 앞에 연도와 일련번호를 붙여둔다. 1월이 되면 새 번호를 부여하고 새로 시작한다. 예를 들어, 'B22-01 웰씽킹 - 켈리최' 이런 식이다. 12월 31일이 되면 1년간 읽은 책의 권수가 한눈에 금방 파악된다. 몇 주 동안 한 권의 책을 읽었는지, 어느 달엔 어떤 책을 읽었는지, 체크 할 수도 있다.

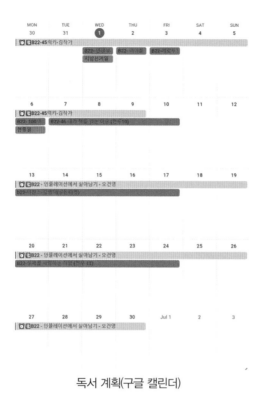

독서 계획(구글 캘린더)

몇 달간 기록해 보면 한 달간 책을 몇 권 정도 읽을 수 있는지 자신만의 책 읽는 평균 속도를 계산할 수 있다. 즉, 1년간 읽을 수 있는 책의 권수가 현실적으로 파악된다. 다음 독서 계획을 세우기가 쉬워진다. 직장에 다니면서 책을 읽은 경험은 1년에 책 60~70권 정도가 적절했다. 100권을 목표로 삼은 적이 있는데, 책은 많이 읽었지만 대신 책을 통해 배운 내용을 실천하기에 시간이 부족했다. 즉, 해야 할 일을 줄일 수밖에 없었다. 책만 읽고 그치는 게 아니라, 책을 읽은 후 평단지기 독서법의 생각

연습과 행동이 무엇보다 중요하다. 그러므로 행동할 수 있는 물리적 시간을 반드시 남겨두어야 한다. 읽고 싶은 책 리스트를 물리적인 기간을 고려하여 일정에 등록해둔다. 한 달간 독서 계획을 세울 때 무리하는 일정이 아니라 나의 속도에 맞는 일정으로 관리하는 것이다. 그중에서 우선순위가 높은 책이 생기면 일정을 조정하여 대체할 수도 있다. 한 달에 3권 정도는 달력에 미리 등록해두고, 한 주 정도는 비워두는 편이다. 이유는 매달 신간이 쏟아지기 때문이다. 그중에서 먼저 읽고 싶은 책이 생기거나 독서 모임에서 읽을 필독서가 생길 수 있기에 미리 시간을 예약 기간을 확보해 두는 편이다. 내 경우에는 3주차나 4주차가 적당했다. 시간이 바빠서 책 읽는 계획을 지키지 못하는 경우도 이 기간까지 연장하여 읽으면 된다. 여유 기간을 두었더니, '책 언제 다 읽지?' 하는 스트레스가 줄었다. 현실적, 물리적 시간을 고려하여 나만의 속도를 찾아 나갔다.

잠깐 구글 캘린더 이야기가 나온 김에 미국에서 터득한 팁을 하나 소개한다. 미국에 살게 되었으니 언제 휴일인지 알아야 했다. 일정 관리를 위해 구글 캘린더를 활용하고 있었다. '관심 분야와 관련된 캘린더'에서 '지역 공휴일' 중 '미국의 휴일'을 찾아 구글 캘린더에 추가하면 된다. 그러면 미국의 휴일이 내 캘린더 안으로 쏙 들어온다. 한국에만 있었을 때는 몰랐던 사실인데, 미국 기념일마다 쇼핑몰에서 할인 쿠폰들을 때맞춰 보내주고 있었다. 한국에 돌아와서도 미국 캘린더를 남겨 두었다. 할인 기간에 맞춰 직구 제품들을 살 때 유용했다. 미국 주식 공부를 시작해보니 유용한 점이 하나 더 있었다. 미국 캘린더 덕분에 미국 주식시장 휴장일과 서머 타임 시작/종료일이 자동으로 일정에 등록된다.

전자책 서비스를 활용한다

책을 많이 읽는 사람이라면 스마트폰, 아이패드, 갤럭시탭 등 모바일 기기뿐 아니라 PC를 통해 리디북스 셀렉트나 밀리의 서재 등 구독 서비스를 이용할 수 있다. 저렴한 월 구독료로 많은 책을 이용하는 기능을 이용하기도 한다. 대학교나 기관에서 제공하는 북큐브 전자도서관, 서울시 전자도서관, 예스24 전자도서관을 통해서 책을 무료로 대여하는 서비스도 이용할 수도 있다. 대여한 책은 기간이 종료되면 다시 보기 어려운 경우가 생기는데, 책을 대여하여 읽은 후 소장 가치가 있다고 판단되면 종이책을 추가로 구매하거나 전자책을 확보하여 소장하면 된다. 한 번 읽은 책이지만 다시 읽어보고 싶은 책은 오디오북으로 듣는 편이다. 무심코 그냥 넘긴 문장 중에서 처음 들리는 문장들이 종종 있다. 최근에는 전문 성우 연기로 책을 읽어주는 서비스가 있어서 더 실감 나는 경우도 있다. 책을 반복하여 듣는다. 걷기 운동을 할 때 오디오북을 들으면 사고의 확장까지 이어진다. 정신적 건강, 신체적 건강까지 챙길 수 있는 일거양득 효과다.

스마트해지는 독서 관리법

독서에 흥미가 붙고, 단순하고 삶의 여유를 누리는 똑똑한 독서 관리 방법 3가지를 소개한다.

첫째, 독서 노트를 기록하고, 독서 모임에 참가해 아웃풋 한다.

다른 사람이 작성한 독서 노트도 블로그나 카페에서 찾아본 후 독서 모임에 참여하면 좋다. 독서 노트를 기록할 때는 모든 내용을 기록하기보다는 이미 알고 있는 내용이 아닌, 새로 배운 점 위주로 핵심만 기록한다. 가능하면 1페이지 정도로 단순화시킨다. 왜냐하면 어딘가 있다는 것을 알면 검색하여 찾아볼 수도 있고, 다른 책을 읽다 보면 유사한 내용이 다시 나오기 때문이다. 중복하여 같은 내용을 기록할 필요는 없다. 검색해봐도 없을 때 기록을 남기면 된다. 다른 사람들과 함께하는 독서 모임에서 이야기를 나누다 보면, 서로 공감하는 부분뿐 아니라 내가 보지 못한 부분을 새롭게 배우기도 한다. 기록과 교류만으로도 메타인지가 확장된다. 평단지기 독서법을 실천하는 독서 모임에서는 '평생(평단지기 생각) 메이트'를 운영하고 있다. 서로에게 공감해주는 함께하는 독서는 아웃풋 효과를 증대시킨다.

둘째, 스마트한 기록을 통해 빅데이터를 쌓는다.

평단지기 독서법으로 읽은 책을 기록하면 성장해온 나의 길이 만들어진다. 누군가에게 도움 주기에도 편하다. 기록하는 방법은 앞에서 소개한 엑셀이나 에버노트, 블로그, 카페에 남겨두면 된다. 검색을 통해 연관 도서를 찾아보기에도 편하다. 키워드 하나를 검색하면 여러 책에서 검색이 되기에 연관 도서를 몰아서 다시 검토하면 새로운 연결고리가 생겨 인사이트가 생기기도 한다.

셋째, 내가 읽은 책 이력을 체계적으로 관리한다.

블로그에 기록한다면, 네이버에서 제공하는 '글감'을 활용하여 '책 제목'을 찾아 본문 내용에 추가한다. 이후 블로그 글 발행 직전 '주제'를 '문학, 책'을 선택하면 '네이버 서비스로 글 보내기' 버튼이 활성화된다. 체크박스를 선택하면, 네이버 책 분야에서 내가 남긴 리뷰가 '네이버 책 리뷰'에 등록된다. 리뷰로 등록되면 저자들이 종종 내 블로그로 찾아와 공감해주기도 한다. 발행을 완료하면, 내 블로그 서재 안에도 책이 쌓인다. 연도별로 볼 수도 있다. 모든 건 하나부터 시작된다. 이 책부터 등록해보자. 최근에는 책방 잉크, 북적북적, 북모리 등의 다양한 독서 앱이 있다. 이를 활용하여 독서 목록을 관리해도 좋다. 2022년부터는 나도 독서 앱을 활용하여 책을 관리하고 있다. 매월 독서 실적과 계획을 블로그에 공유한다. 그동안 읽었던 책을 하나씩 쌓아보니 기억이 새록새록 올라온다. 책을 쌓는 재미도 있다. 독서 계획 일정 관리를 위해서 구글 캘린더로도 여전히 관리하고 있다. 한 권, 두 권, 세 권 쌓인 책의 수만큼 시각화하면 책을 더 열심히 읽고 싶은 마음이 생길지 모르겠다.

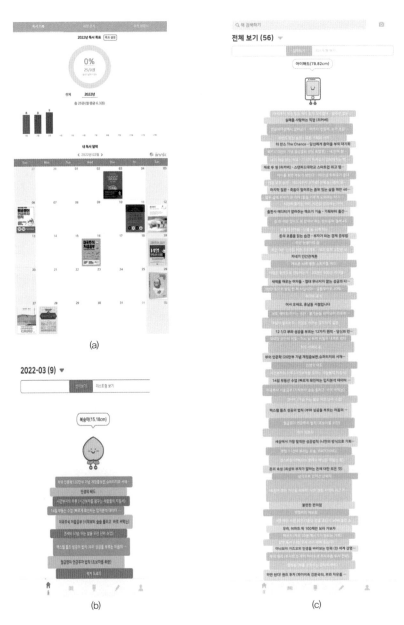

독서기록 (a) 책방잉크 (b) 북적북적 (c) 2022년 6월 기준 독서리스트

책 읽는 속도에 가속도가 붙는다

책과 데이터가 많아질수록 일정 관리에 대한 스트레스가 쌓일 수 있다. 이럴 때는 끝낼 수 없는 계획 대신 예비 시간을 미리 확보해두면 좋다. 일정이 단순하고 편안해지면 독서는 나를 더 똑똑하게 만들어준다. 똑똑한 독서 관리는 여유 있는 독서뿐 아니라 성공적인 '삶'을 위한 실천하는 시간을 확보하게끔 만든다. 일에 대한 성공률은 자연스레 높아진다.

올바르게 책 읽는 시간이 확보되면 책을 끝까지 읽을 수 있다. 독서를 포기하지 않고, 행동하면 변화는 따라온다. 지치지 않는 것이 핵심이다. 포기하지 않는 것이 중요하다. 꾸준하게 매일 읽으면 된다. 천천히 읽어도 된다. 자신의 책 읽는 속도를 인정한다. 천천히라도 나만의 속도를 찾으면 충분하다. 밀려서 포기하지 않도록 충분하게 독서 일정 관리를 통해 독서 시간을 확보한다. 어느 순간, 책 읽는 속도에 가속도가 붙으며, 집중력이 향상된 독서 습관이 길러진다. 똑똑한 관리로 독서가 즐거워진다.

어제도 읽었고, 오늘도 읽고, 내일도 읽을 것이다.
어제도 썼고, 오늘도 쓰고, 내일도 쓸 것이다.
어제도 했고, 오늘도 하고, 내일도 할 것이다.

평단지기 독서는 매일 나의 다짐 독서다.
책을 읽으면 적어도 하나는 배우겠다는 다짐이다.

하루 10분이어도 충분하다. 100일, 1년, 5년 사소한 하나를 계속 쌓아가면 역사가 된다. 누구나 될 수 있지만 아무나 될 수 없는 대단한 사람도 사소한 습관 하나에서 시작한다.

제 2 장

하루 10분,
평단지기로
나를 연구하라

"길을 걸으면 길이 열린다."
─『욕심이 차오를 때, 노자를 만나다』, 박영규

부동산도 그래요. 누가 샀다더라 하는 걸 사는 것이 아니라, 스스로 그런 곳에 선점하여 리본을 달아두는 겁니다. 다른 사람이 달아 둔 리본만 따라가는 경우, 리본이 없는 길이 나오면 스스로 길을 찾지 못합니다. 지도와 방향을 보면서 스스로 리본을 달아가며 길을 만들면, 어디를 가더라도 스스로 갈 수 있어요. 스스로 방법을 배워 리본을 스스로 달아갑니다.

1

바쁜 세상에서 여유를 찾는 10분

당신에게 오늘 하루의 시간은 얼마인가?

'오늘 얼마나 바빴어?'

'오늘 할 일 진짜 많았지?'

이 글을 읽고 있는 독자들이 누구냐에 따라 답은 다를 것이다. 사람들은 각자 서로 다른 목표와 시간 계획을 갖고 산다. 나 또한 살아오면서 늘 바쁘다고 입에 달고 살았다. 주변 다른 사람들도 늘 바쁘다고 했다. 모두 바쁜 세상, 바쁜 사람들이었다. 잠자느라 바쁘고, 데이트하느라 바쁘고, 공부하느라 바쁘고, 먹기에 바쁘고, 돈 버느라 바쁘고, 다른 가족들을 돌보기에 바쁘다. 세상과 사람들은 멈추지 않고 계속 돌아가는 중이다.

하루를 86,400초로 쪼개어 살아가는 사람과 24시간을 하루로 살아가는 사람들이 있다. 하루 24시간은 공평하다. 그런데 A씨는 86,400초, B씨는 1,440분, C씨는 24시간, D씨는 1일, E씨는 0.0027년으로 사용하고 있다. 물리적인 시간은 같지만, 시간을 하나의 덩어리로 쓰는 사람과 초 단위까지 세분하게 나눠서 사용하는 사람들은 분명 차이가 있다. 당신에게 오늘 하루의 시간은 얼마인가?

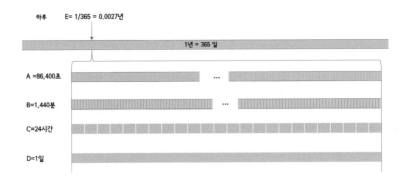

하루 단위

시간을 다시 나눠보자. 단기 계획을 세우고 활동하는 영역에서 장기 계획을 지배하는 규칙을 보지 못하는 경우를 구분하는 것이다. 지금 하는 일과 아직 멀리 있는 계획을 구분하면 된다.

이제야 만나다

스티븐 코비는 『소중한 것을 먼저 하라』에서 '중요한 일'과 '시급한 일'을 나누고 소중하게 생각하는 중요한 일을 먼저 하라고 권한다. 사람들마다 중요한 일과 시급한 일을 다를 수 있다. 중요한 일을 시급하게 하기에도 자신만의 시간은 늘 부족하게 느껴진다. 일에 지친 직장인의 삶에서도, 직원을 거느린 사장님에게도 아무리 중요한 일이라도 외부의 압력으로 시급한 일을 먼저 끝내야 하는 경우가 많다. 40대가 되어서야 경제적 자유, 시간으로부터의 자유, 관계의 자유란 단어에 관심을 두게 되었다. 아는 만큼 보인다더니 3가지 자유에 관한 내용들이 이제야 책에서 하나둘 만난다. 목표를 세운다. 경제적 자유, 시간으로부터의 자유, 관계의 자유를 위해서는 앞으로 살아갈 날에 대한 계획을 짜고, 중요한 일과 시급한 일을 다시 나누기로 했다.

3가지 자유를 위해 얼마가 필요한지 먼저 계산한다. 필요한 예산을 세운다. 하루라도 빨리 자유를 얻기 위해 하루를 점점 바쁜 세상으로 살아왔다. 해야 할 일은 점점 늘어났고, 시간이 계속 부족하다. 잠자는 시간을 줄일 수밖에 없다. 부동산, 주식, 환율, 금리, 대출, 세금 등 공부할 거리가 하나둘 늘어났다. 10분, 20분, 30분, 1시간, 2시간…. 시간이 늘 부족하다. 책을 써야겠다는 목표를 추가하니, 새벽 4시에 일어나야 했다. 점점 더 바빠졌다. 가족도 돌봐야 하고, 책도 읽어야 하고, 블로그, 카페, 인스타도 운영해보고(N잡러), 건강까지 챙기려니 정신없이 바쁜 세상이다. 바쁜 세상에서 바쁜 사람들과 살다 보니 점점 바빠지는 듯했다.

시간이 지나면 하고 싶은 일이 변한다

조기퇴근 한 날이었다. 남편과 공원 한 바퀴를 산책하기로 했다. 공원에는 가을 단풍을 즐기려는 사람들과 넷플릭스 〈오징어 게임〉 드라마에 나온 '영희' 인형을 배경으로 사진 찍기 위해 모여든 사람들이 수십 명 있었다. 사진을 찍으며, 우리도 여유를 한번 부려봤다. 오랜만에 호텔 커피숍에 가서 여유 있게 차 한잔하자고 했다. 20개 정도의 커피 테이블마다 사람들이 가득했다. 빈자리는 두 자리 정도뿐. 입구 쪽에 자리를 안내받았다. 주변을 잠시 두리번거리며 살펴봤다. 바로 옆 좌석에 계신 할머니 세 분이 유독 품격이 있어 보였고, 여유 있어 보인다. 경제적 자유, 시간으로부터의 자유, 관계의 자유를 누리고 계시는 것처럼 보였다. 직접 물어보진 못했지만, 그분들에게 물어봤어도 바쁘다고 말하지 않았을까. 각자 만들어 둔 바쁜 세상 속에 우리는 살아가는 중이다. 사람들은 시간을 더 빨리 돌린다.

현실적으로 하고 싶은 일들을 구체적인 시간까지 고려하면 매년 해야 할 일들, 매일 해야 할 일들이 늘어난다. 상당한 시간과 돈이 더 필요하다. 그런데 시간이 지나면서 해야 할 일, 하고 싶은 일은 변한다. 나이가 들면 중요한 것에 대한 우선순위도 달라진다. 몇 년의 시간을 정신없이 빼곡히 보내고 나서야 조금 알 것 같다. 힘과 시간을 가치 있는 활동에 쓰지 못하면 돈이 있어도, 시간이 남아도 소용없었다. 오히려 시간 관리에 얽매이고 있었다.

마음먹기에 따라 시간이 다르게 흐른다

가장 중요한 우선순위를 다시 정했다. 최고의 성과를 내기 위해 10년 계획, 연간 계획, 월간 계획, 주간 계획, 하루 계획, 30분 계획까지 세우며 몇 년 살아왔다. 그러던 어느 날, 좀 더 조급한 세상 속에 허덕이는 나를 발견했다. 평단지기 독서를 통해 내 삶의 가치를 다시 찾아야 했다. 딱 10분 멈추고, 여유 있는 시간을 발견했다. 하루 단위 대신 일주일, 한 달, 일 년, 10년, 30년, 50년으로 바라보니 같은 세상이 느리게 보인다. 좀 더 여유 있는 세상 좀 더 여유 있는 사람들을 만난다. 앞으로 30년 후 '미래의 나'는 '지금의 나'에게 잘 살아왔다고 해줄 수 있겠지.

마음먹기에 따라 시간이 다르게 흐른다. 시간이 조급하게 느껴진다면 앞으로 살아갈 날을 향후 5년, 10년, 20년, 30년으로 멀리 생각한다. 만약 시간이 느리다고 생각된다면 5분, 10분 단위까지 시간 계획을 세워본다. 바쁜 세상 사람들처럼 허덕이며 살아갈지, 여유 있는 세상 사람들과 함께 살아갈지는 나의 결단으로 정해진다. 시간을 다룰 수 있다면 성공도 다룰 수 있다. 인생의 속도에서 살아남는 방법은 바로 시간 관리부터다.

2
모두가 아니라고 해도 나를 반겨주는 10분

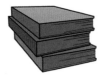

진짜 스터디원이 되고 싶었던 이유

2017년, 재테크 카페에 깊숙이 빠져들고 있었다. 같은 조가 된 사람들과 부동산 임장을 다니고, 지역 분석 결과도 나누었다. 잠을 3~4시간만 자는 날도 생겼지만 하고 싶은 공부였다. 함께 공부하는 동료들의 나눔 덕분에 더 많이 배울 수 있었다. 회사생활에 지쳐 있던 내게 직장 동료보다 투자 동료가 더 가까워질 정도로 진심이었다.

카페 활동을 시작한 지 어느덧 6개월이 지났을 때다. 회원을 대상으로 1년에 두 번 스터디원을 모집한다는 게시글이 올라왔다. 그곳에 들어가면 좀 더 많이 배우는 게 있겠지, 투자하기 좋은 곳을 하나 찍어주지 않을까 하는 생각도 했다. 오프라인에서 만나면 서로 닉네임을 부르며 안부 인사를 주고받을 정도로 아는 사람들이 많아진 상태다. 안면도 많이 익혔으니 뽑힐 확률이 높지 않을까 하는 기대감도 있었다. 카페 활동도 나름으로 열심히 한 편이고, 카페 운영진도 한두 명 정도 알고 지낼 정도였으니 당연히 뽑힐 거라는 김칫국을 마시고 있었다. 반면, 다른 한편으로는 스터디원으로 선정될까 내심 걱정도 했다. 스터디원이 되면 지금보다 카페 활동에 더 집중해야 했고, 카페 활동이 1순위가 되어야 한다고 들었다. 가족보다 더. 무엇보다 더. 망설여졌다. 체력적인 한계가 늘 있었다. 주말만 되면 기절할 정도로 잠을 자야 했고, 주중에도 피곤하면 아무것도 못 하고 쓰러지던 나였기에 말이다.

처음엔 되면 좋고, 안 되어도 좋다는 생각으로 지원했다. 걱정하던 걸 알아챈 듯 스터디원 선정 결과가 발표되었는데, 닉네임이 없었다. 처음 지원했던 지원서라 더 열심히 한 사람을 선정했겠다는 마음에 속상하지 않았다. 6개월간 카페 활동을 더 열심히 했다. 다음 스터디원 지원서는 더 간절하게 썼고 분량도 5배나 늘어났다. 이후 서너 번이나 지원했지만, 명단에서 내 닉네임을 찾지 못했다. 운영진에게 탈락한 이유라도 물어보고 싶은 심정이었다. 회원이 늘수록 지원자는 점점 늘었고, 탈락하는 이는 더 늘 수밖에 없는 구조였다. 탈락한 다른 회원들도 마음의 상처가 깊어지는 듯했다. "괜찮아요. 다시 도전하면 되죠, 그리고 안 뽑히면 어때요, 우리끼리 공부하면 되잖아요." 서로 위로해주었지만 선택되지 않은 좌절감은 자신을 점점 더 초라하게 만드는 듯했다. 누구보다 더 열심히 활동했다고 생각했을 테니 말이다. 얼마 후부터는 늦게 가입한 회원들이 하나둘 스터디원으로 뽑히기 시작했다. 그제야 그만 지원해야겠다고 생각하기 시작했다. 7번의 도전 후, 스터디원 지원을 멈췄다. 그제야, 진짜 스터디원이 되고 싶은 이유를 알았다.

혼자하는 공부, 스스로 세운 원칙

공부는 혼자 하기로 마음먹었다. 혼자만의 시간인 아침의 평단지기 독서는 나를 더욱 견고하게 만들었다. 평단지기 독서를 통해 사색하는 시간을 두었더니, 내가 하는 투자 방법이 카페의 방향성과는 조금 다를 수 있겠다는 생각이 들기 시작했다. 멘탈도 점점 단단해져 갔다.

다음 해 카페는 새로운 운영 방식을 시도했다. 스스로 지역을 분석해서 공유하는 지역 전문가처럼 활동하는 서포터즈를 모집한다는 공고가 올라왔다. 강제조항이 없다는 점이 마음에 들었다. 따로 임장을 함께 가는 것도 아니었다. 운영 기간 중 한 번 정도 스터디원과 멘토를 만날 수 있는 혜택까지 있었다. 되면 어쩌지 하는 걱정 없이 지원하고 싶었다. '우와! 이름이 있다!' 첫 서포터즈에 당당히 선정되었다. 기뻤다. 남과 다른 지역 분석을 해보고 싶었다. 원칙은 스스로 만들었다. 이론적인 지역 분석 대신 실생활에서 궁금한 것들로 하나둘 채웠다. 회원들의 '좋아요'와

'조회 수'가 늘어가니 뿌듯한 감정도 생겼다. 스스로 만족감은 더 컸다. 하나둘 알아가는 지역 공부가 재밌었다. 데이터를 쌓았다. 함께 선정된 다른 서포터즈 멤버들도 이에 질세라 더 열심히 공부했고, 각자의 분석 자료를 신나게 공유했다. 서포터즈들 사이에 끈끈함이 생겼다. 서포터즈가 모여 있는 채팅방에 매일 아침 평단지기 독서 내용을 공유하기도 했다. 강제성이 요구되지 않았기에 즐길 수 있었다. 6개월이 지나니 다시 서포터즈 모집이 시작됐다. 서포터즈 중에서 스터디원을 선정한다는 특혜도 있었다. 서포터즈 요원은 일단 지원하는 분위기라 신청하긴 했지만, 서포터즈로 머물고 싶었다. 여전히 스터디원 모집 선정 명단에는 닉네임이 없었다.

너무 똑똑한 그녀가 채용된다면

직장에서 사무보조를 담당할 사람을 채용하는 면접심사위원으로 참여한 적이 있다. 지원자 중 정말 똑 부러지고 일을 잘할 것 같은 한 사람이 유독 눈에 띄었다. 심사위원 누가 보더라도 똑똑한 사람은 그녀였다. 그런데 요구한 직무 대비 과한 경력의 소유자였다. 의욕도 남달라 보인다. 너무 똑똑한 그녀가 채용된다면, 자신의 업무 역량 대비 달리 보조 업무 자리에 실망할 수 있겠다는 생각이 들었다. 몇 달 버티다가 퇴직서를 제출할 것 같다는 우려가 생겼다. 지금 팀에는 재능이 뛰어난 인재가 아니라 성격이 좋아 팀원들을 잘 보조해주는 사람이 더 도움이 될 거라는 공감대가 심사위원들 사이에 오갔다. 결국 심사위원들은 뛰어난 인재 대신 성격 좋은 후보를 채용하기로 했다.

생각해보니, 그랬다. 면접심사위원의 경험처럼 내가 카페가 원하는 사람이 아닐 수 있다는 생각에 이르렀다. 이제는 더 이상 지원할 필요가 없었다. 자유로운 서포터즈 활동은 나를 성장시켜준 계기가 되어주었다. 좋아하는 걸 알게 되었고, 할 수 있는 걸 혼자 찾을 수 있도록 도와준 시스템이었다. 좋은 활동을 나만 계속하는 건 미안한 마음이 들어 더 이상 서포터즈 활동에도 지원하지 않기로 했다. 2019년 12월 31일 『똑똑한 사람들의 멍청한 선택』의 마지막 글을 남긴 채 카페 활동을 졸업하기로 했다. 대신 블로그를 열었다.

당신이 어울리는 곳이 어딘가 분명 존재한다

신념은 자신의 마음가짐에서부터 시작된다. 끝까지 나를 믿고 이끌어주는 사람은 바로 자신이다. 혼자만의 방법을 찾기로 했고, 블로그를 시작했다. 평생 지속할 수 있는 블로그 주제를 고민해보니 당연히 평단지기 독서였다. 하루 10분이라는 평단지기 독서법을 통해 선정한 오늘 문장, 오늘 생각과 오늘 행동을 블로그에 공유하고, 서포터즈 활동을 계기로 갈고 닦아 강남4구 소식을 전하는 블로거가 되었다. 당신도 이미 특별한 존재일지 모른다. 너무 똑똑해서, 너무 튀어서, 든든한 배경이 있어서 선택되지 않는 경우가 있으니 말이다. 반대로 결점과 약점이 있다고 선택되지 않는 것은 아니다. 앞으로 가야 할 길이 어떤 길일지 아직은 모르지만, 내게 어울리는 곳은 어딘가 분명 존재한다. 미운 오리 새끼도 백조들이 모여 있는 호숫가로 가서 화려한 백조들과 어울릴 수 있었다. 이 책 출간을 맡아준 미다스북스처럼 말이다. 모두가 아니라고 해도 포기할 필요 없다. 나를 반겨줄 한 단계 높은 곳을 지원해봐도 괜찮지 않을까.

3

나만의 안전 속도, 자율 주행 10분

스스로 찾아야 하는 이유

투자 성과는 다르다. 같은 책을 읽고, 같은 강의를 들어도 개인별로 차이가 생긴다. 나와 가족, 주변 환경에 따라 고려해야 하는 요소는 다르다. 예를 들어, 치과의사와 외벌이 직장인의 투자 방식도 차이가 난다. 자본금이 많은 사람과 자본금이 적은 사람의 선택지는 다를 수밖에 없다. 결국 수익에도 차이가 난다. 주식 투자할 때도 비슷하다. 자본금이 많은 사람과 자본금이 적은 사람의 투자 방법이 달라서 버티는 힘이 다르기 때문이다. 자본금이 클수록 손실액이 커질 수 있다. 그러면 수익률보다 수익금에 신경을 쓴다. 자본금이 적을수록 수익률에 관심 두는 경향이 있다. 같은 속도로 같은 종목으로 같이 시작했더라도 보유자산의 비중에 따라 누군가는 중간에 팔아버리고, 누군가는 끝까지 남아 수익을 챙기기도 한다. 누군가는 손실이다. 버티지 못한 것이다. 나와 다른 환경이기에, 함께 시작했음에도 불구하고 성과가 달랐다. 때로는 함께하던 동료들과 투자 스터디를 지속하는 것조차 어려워지기도 한다. 결국 나만의 속도에 맞게 방법을 스스로 찾아야 하는 이유다.

투자 공부를 시작한 지 5년이라는 시간이 흘렀다. 무리에서 나와 혼자 공부하는 시간을 가진다. 남들이 모두 참여하는 부의 추월차선이 아닌 나의 차선으로 발을 살짝 내밀었다. 꾸준히 걸어가면 목적지에 도착할 수 있다는 믿음 하나 가지고서 말이다.

내가 직접 리본을 매달다

회사에서 단체로 남한산성을 등반하는 날이다. 오랜만에 등산 행사이다. 오랜만의 산행에도 팀원들이 올라가는 속도가 빨랐다. 함께 맞춰 따라가다 보니 몇백 미터 못 가 산소가 부족한 느낌이 들었다. 온몸에 기운이 빠지면서 다리가 갑자기 후들거렸다. 정신이 혼미해지면서 눈앞이 불투명해져 갔다. 빙그르르 세상이 돌아간다. 심호흡을 하며 호흡을 겨우 유지하면서, 정신을 다시 가다듬었다. 한 10여 분 쉬자 조금씩 정신이 돌아왔다. 그래도 계속 올라갈 수 있을 것 같아 다시 걷기로 했다. 다른 사람들은 이미 저 앞에 사라진 지 오래다. 함께 가준 선배 한 명만이 감사히도 나와 함께 속도 맞춰 걸어주었다. 드디어 정상이다.

올라가는 길에 나뭇가지에는 리본이 여기저기 곳곳에 매달려 있었다. 선배가 저 표시가 뭔지 아느냐고 물었다. 어떤 의미인지 되물었다. 그 리본은 선발대가 후발대에게 무사히 쫓아오라는 의미로 이정표를 달아두는 것이라고 했다. 나에게는 수많은 경제 서적, 인문학, 자기 계발 서적들이 마치 산을 탈 때 보았던 지표와 같아 보인다. 조금씩 직접 리본을 매달고 싶은 생각이 든다. 홀로 걷는 길에 리본이 없으면, 곳곳에 직접 리본을 묶어 다른 사람들이 쫓아올 수 있게 만들면 된다.

더 빨리 달리고 싶은 조급함이 생길 때마다 다시 책을 펼쳐 본다. 그러면 브레이크가 걸리고 차분해진다. 책을 읽을수록 읽은 책의 권수만큼 저자들이 미리 달아 둔 리본을 찾게 된다. 이 길이 맞다고 알려준다. 그 중 하나의 색깔을 정해 따라가면 된다. 내가 리본을 달기로 했다면, 함께 가는 동료들이 함께할 수도 있다. 한결 마음이 놓인다. 잠시 속도를 내어 볼 수도 있다. 가다 힘들면 잠시 천천히 속도를 늦춰도 괜찮다. 멈춘 사람보다는 나는 일찍 도착할 수 있다. 나만의 안전 속도로 자율 주행하니, 목적지 도착이다.

나만의 속도에 맞춘다

우선은 앞으로 5년, 그리고 10년, 15년 뒤를 바라본다. 성공한 부자들은 좀 더 일찍 시작했다. 그러니 좀 더 빨리 복리의 마법을 누릴 수 있다. 지금의 그들과 나를 비교해보면 당연히 차이가 날 수밖에 없다. 적어도 지금 당장 오늘 시작은 내일보다 빠른 투자임을 기억하자. 복리는 하루 더 빨리 시작하는 것이 중요하다. 어릴 때 시작하고, 10% 더 저축하면 할수록, 경제적 자유에 빠르게 도착한다. 50대보다 40대가, 40대보다 30대가, 30대보다 20대가, 20대보다 10대가 유리하다. 10대에 저축과 투자를 시작한 돈은 50대에 투자를 시작한 돈과는 다르다. 금액이 적더라도 말이다. 일찍! 조금 더 많이! 시작이다! 자신의 속도에 맞춘 투자를 시작하면 된다. 마흔여섯, 충분한 시간이다.

남대문시장에서 박리다매로 물건을 저렴하게 많이 파시는 도매업자 대표님은 도곡동 아파트에 살고 계신다. 남대문시장에서 장사한다고 해서 단칸방에서 사는 게 아니었다. 사업이 잘되면 대표님의 속도에 맞춰 살아간다. 타워팰리스 지하에 있는 SSG에는 비싸고 신기한 과일들이 많다. 보는 것만으로도 과일들도 품질이 남달라 보였다. 윤이 났다. 포장까지 싱싱함이 묻어났다. 여러 지역을 임장 다니며 느낀 게 하나 있다. 동네마다 과일도 다른 종류를 팔았다. 결국 가격이다. 한 송이에 몇만 원 하는 포도를 예쁘게 개별포장한 채 냉장고에 넣어 둔 곳이 있고, 어떤 곳에는 상처 난 감들이 빨간 플라스틱 바구니에 담긴 채 가게 앞 도로 길바닥에 덩그러니 놓여 있었다. 오천 원이라는 종이 팻말과 함께 말이다. 나는 한동안 멀리 있는 옛 미용실을 지하철을 타고 다녀오곤 했다. 소비도 나만의 속도에 맞춰본다.

좋은 사람들과 여유 있는 시간을 보내고 싶다. 내가 진짜 원하는 삶이 무엇인지, 그걸 찾기로 했다. 삶의 핵심 가치다. 그리고, 우선순위를 선택한다. 매일 새로운 아침, 평단지기 독서법을 통해 자신과 대화하는 하루 10분의 시간을 가지며, 몇 가지 질문을 해본다. '진짜 원하는 것은 무엇일까? 진짜 이걸 원하는가?' 그중에서 마음 불편하지 않은 걸 고른다. 올림픽공원을 천천히 돌아보며, 한 걸음을 다른 발 앞에 그저 내디뎌본다. 그동안 걸어온 길, 타인에게 자세히 안내하며 목적지까지 안전 속도를 찾는다. 주변에 이미 성공한 사람들이 주변에 있으면, 좀 더 자율 주행이 쉬워진다. 이 글을 읽는 독자에게도 평단지기 독서법을 통한 꾸준한 성장 속도가 전달되길 바라며, 천천히 앞장서기로 했다. 매일 새로운 아침을 만나며 늘 그 자리에서 평단지기 독서하고 있을 테다.

4

마이웨이 마이스타일을 찾아가는 10분

어울리는 핏이 다르다

몇 년간 바지 사 본 지도 꽤 오래다. 그날따라 키가 크고 마른 후배 현이가 입은 바지가 예뻐 보이고, 편해 보인다. 나도 그런 바지 사고 싶다고 말했더니, 브랜드명을 알려 준다. 점심을 먹은 후 스마트폰으로 직접 사이트에 들어가서 몇 개 눌러봤다. 옷 종류가 너무 많다. 현이가 입은 바지를 찾는 건 보물찾기였다. 찾았더라도 치수도 모르겠다. 마침 오프라인 매장이 근처에 있어서, 오랜만에 매장에 들러보기로 했다. 갑자기 날씨가 쌀쌀해져서 옷들이 모두 두꺼운 겨울옷으로 싹 바뀌었다. 맘에

드는 걸 찾기 어려웠다. 사이즈만 대충 파악하고 집으로 왔다. 현이 바지가 좋아 보였는데 말이다. 남편에게 물어보았다.

"현이랑 같은 바지 입어도 될까?"
"걱정하지 마, 자기랑 현이랑 핏이 다르니까."
"그런가? 그렇긴 하네. 하하하."

남편 말이 옳았다. 인정! 난 키가 작고 통통한 편이니 걱정할 필요가 없는 걸 괜히 걱정했다. 다음 날, 쉬는 시간에 현이와 선배에게 남편 말을 그대로 전하니 깔깔깔 소리 내어 웃는다. 현이는 본인이 산 옷의 상품정보 링크를 카톡으로 바로 보내줬다. 인스타그램이나 블로그, 광고를 보면 입고 있는 옷들이 참 예쁘다. 내가 입어도 예쁘겠지, 상상해 보지만 현실은 아니다. 입어보면 핏이 다르다. 별로 예쁘지도 않고, 불편한 경우도 많다. 투자할 때도 마찬가지다. 남이 입은 옷이 좋아 보이듯, 남들이 고르고, 남들이 투자한 종목이 좋아 보인다. 그런데 나에게 어울리는 투자 핏은 다르다. 나에게 맞는 옷을 고르듯, 재정 상태, 보유자산, 현금, 대출금, 급여, 가족 상황에 따라 마이웨이 마이스타일을 찾아봐야 하지 않을까.

마이웨이 마이스타일

재테크 카페에 가입 시절, 실거주할 집을 이미 계약한 상태였다. 그동안 잠시 송파구를 떠났다가 재입성하고 싶던 아파트를 막 계약한 터였다. 뿌듯했다. 강의를 들은 후 사람들과 대화할 수 있는 뒤풀이 시간을 갖는다. 뒤풀이 때문에 강의를 참석하는 사람들도 있다. 서로 투자처를 물어보기도 한다. 어떤 방식으로 부자가 되는지 다른 사람 투자 스타일에 관심을 가져본다. 눈을 크게 뜨고 바싹 붙어 귀를 기울인다. 일부 사람 중 투자금 마련을 위해 살고 있던 집을 팔거나 전세를 준 후 더 저렴한 곳으로 이사를 한다고 했다. 투자금 마련을 위해서다. 나는 실거주 집을 산 지 얼마 되지 않아 살짝 부담도 되었다. 사실 나는 내 집에서 편하게 살아야 한다는 주의다. 남들처럼 내 집 세주고, 다른 곳에 월세로 살면서 투자해야 하나 살짝 고민해보다가 포기했다. 선뜻 결정하기도 쉽지 않다. 남편의 의견도 살짝 물어보니, 굳이 왜 그래야 하냐고 한다. 나한테는 맞지 않는 스타일이었다. 내가 직접 고른 집은 나와 남편이 함께 살아가는 휴식처이며, 직장과 가까워야 했던 집이다. 몇 년 동안 바라던 내 집이었다. 일부 투자자들은 집을 담보로 투자해야 한다고, 그래야 빨리 부자가 된다고 믿는다. 그런데도, 나는 마이웨이로 향하는 중이다. 집을 고를 때도 그랬다. 유명한 강남 학군지 아파트와 송파구 아파트를 비교했다. 가격만 비교해본다면 강남 학군지 아파트 상승 폭 높은 단지를 골라야 했다. 그렇지만 투자와 달리 가격 대비 심리적 만족도는 송파였다.

강남 학군지 아파트와 지금 거주 중인 아파트와의 가격 차이가 당시에는 5천만 원 정도였다. 5천만 원을 추가로 대출하면 강남에도 살 수 있는 그런 상황이었다. 지금 두 아파트 실거래가는 4억 차이로 벌어졌다. 아파트 가격 상승률만 비교하면 아까운 생각이 들지 모르지만, 지금 사는 집이 여전히 마음에 든다. 집 앞에 뉴욕 센트럴시티 같은 공원이 있고, 회사 출퇴근도 20분이 채 걸리지 않는다. 딩크족(Double Income No Kids)에게 학군은 필수조건이 아니다. 내 집이 아니라면 2년마다 이사를 해야 할지도 모르는 불안감이 있다. 벽에 못 하나 박을 때도 신경 쓰이는 정도니까 말이다. 더 넓은 집보다 젊을 때 집이 좁아 불편하더라도 주변 인프라를 누려보며 살자고 우리는 합의했다. 회사에 가깝고, 기존 집보다 넓은 평형의 집 대신 걸어서 쇼핑몰, 서점에 갈 수 있는 아파트로 정했다. 주변에 맛집이 많은 곳도 좋다. 조금만 걸어가면 먹자골목이 있는 곳, 핫플레이스가 있는 곳, 맛있는 반찬가게 옆이 좋다.

우선순위를 나와 가족에게 둔다

신혼 초부터 먹고, 영화 보며, 여행 가고 하는 게 전부였지만, 우리에겐 사실 5년 후 중기 목표가 하나 있었다. 사실 남편의 목표보다는 나의 목표였다. 무조건 비싸고 좋은 것보다, 우리 부부에게 맞게 사는 걸 좋아한다. 결혼기념일마다 남들은 비싼 곳, 우아한 곳을 찾아 식당을 예약하기도 하지만, 우리는 달랐다. 결혼하고 처음 맞는 크리스마스이브날, 맛집들을 찾아 헤매다가 결국 "그냥 평소 먹던 밥 먹으러 가자."라는 남편 말에 "그래, 좋아." 답했다. 방이동에 있는 제주 뚝배기집을 찾았다. 조용한 가정집 그대로 식당으로 운영하는 생선 조림 전문점이다. 맛있는 갈치 조림이 반겨주었다. 밥도 한 그릇 더 시켜 먹었다. 그 뒤로 몇 년 동안, 크리스마스이브면 퇴근할 때 바로 제주 뚝배기로 향했다. 아쉽게도 몇 년 전에 그곳이 폐업하는 바람에 우리의 추억의 장소가 사라져 아쉬움이 남는다.

스마트폰 앱에 오류가 발생하고, 위층에서 쿵쾅거리며 걸어 다니는 집에 살아도 스마트폰과 집이 쓸모없지 않은 것처럼, 계획된 코스를 벗어났다고 해서 나에게 쓸모없는 것은 아니다. 남에게 보이기에 완벽하지 않다는 이유로 자신에게도 쓸모없다고 생각할 필요는 없다. 모두에게 완벽한 것은 아무것도 없으며, 그렇게 보이려고 행동하는 사람들이 오히려 자존심이 상한다. 타인의 영향을 받지 않고 살 수는 없지만, 우선순위를 나와 가족에게 두는 게 어떨까 한다. 나와 남편이 좋아하는 걸 교대로 한 번씩 양보하며 맞춰 살아가고 있다. 내 가족이니까. 돈보다 가족이 먼저다. 돈보다 내가 먼저다. 하루 10분이라는 평단지기 독서법으로 차츰 마이웨이 마이스타일이 굳혀지고 있다. 이 글을 읽고 있는 독자의 스타일 또한 나와 다를 수 있다. 그게 맞다.

올림픽공원 산책길

5
매일 하루 10분, 대단한 사람

책상에 앉는다

금요일 저녁, 조금 일찍 퇴근했다. 남편을 만나 저녁을 함께 먹기로 했다. 평소 동네에 찜해두었던 방이동 먹자골목에 있는 할머니 국숫집을 찾았다. 동네맘 카페에서 찾아 둔 맛집이다. 인기 메뉴는 잔치국수와 꼬막이다. 술은 안 마시니 30분도 안 돼서 식당 밖으로 나왔다. 잠실 데일리 반찬가게에 들러 반찬을 사러 가기로 했다. 8년 전 〈생생 정보통〉에 데일리 반찬가게 닭강정 만드는 비결이 소개된 곳이다. 월남쌈, 마른반찬 세트, 한돈 편육, 황탯국, 고추장아찌까지 양손 가득 들고 나와 집으로 왔다. 두 곳 모두 한결같이 오래 유지되고 있는 곳이다. 저녁 7시가 훌쩍 넘었다. 씻고 나서 침대에 잠깐 누울까 하다가, 곧장 책상에 앉았다. 얼마 전부터 매일 저녁 하루 일일 지표와 오늘 주요 이슈 사항에 대해 정리하는 중이다. 한국 시장, 미국 시장 주요 이슈를 하나씩 살펴보고 오늘 하루를 마무리한다. 저녁 8시 10분부터는 유튜브 생방송 강의가 있다는 밴드 공지가 있었다. 평소 2~3시간 생방송이라, 라이브로 듣지 않으면 따로 시간 내서 듣기가 만만치 않다. 30분 정도 글 하나를 포스팅하고서야 스마트폰을 가지고 침대에 누웠다. 저녁 9시 30분이지만 갑자기 피곤해졌다. 오늘은 일찍 자야겠다. 스마트폰을 거실에 있는 충전기에 올려두고 침대로 다시 들어간다.

알람이 울렸다. 토요일 아침, 새벽 4시다. 5년 전과는 달리 좀 더 빠르게 평단지기 독서법으로 나를 만난 적이 있다. 어김없이 새벽에 찾아오는 평단지기 독서 시간에 자기계발서를 펼쳤다. 오늘은 77페이지부터 85페이지까지 읽었다. 두 장인데 8페이지 분량밖에 되지 않는다. 휘리릭 읽고 책을 덮었다. 이제부터는 나의 것으로 만드는 시간이다. 평단지기 독서법으로 경제경영 분야의 책을 읽을 때는 시간이 꽤 오래 걸리는 편이다. 책에 나오는 방법을 하나하나 따라 해보면서 블로그에 포스팅하기 때문이다. 최근에는 새벽에 일어나 훌라후프를 돌리는 대신 책 초고를 쓰기로 했다. 4시에 일어나 1시간이나 1시간 30분가량 책을 한 꼭지

쓴다. 2021년 11월달에는 토요일 아침 7시~9시까지 책 쓰기 강의를 신청했다. 초고를 조금 쓰다가 6시 30분부터 자리를 정리하고 강의 수강 자세로 바꾼다. 영국 출장을 가서 영국식 밀크티 타는 법을 배웠다. 뜨거운 물을 머그잔에 4분의 3 정도 따른 후 홍차 티백을 담근 후 몇 번 흔들고, 티스푼으로 티백을 두세 번 꾹꾹 누른 후 티백을 금방 꺼낸다. 냉장고에서 찬 우유를 꺼내 머그잔 가득 채운다. 영국식 밀크티 한잔을 후딱 만들어 한 모금 마시며 온라인 줌 수업을 들으러 거실 책상에 앉는다.

도대체 잠은 언제 자는지 모르겠다

짬이 날 때마다 지인이 운영하는 블로그 글을 챙겨 본다. 5년 전 재테크 카페에서 만났던 지인 H의 블로그는 토요일 아침에도 7시 글이 올라왔다. 하루도 거르지 않고 매일 블로그에 인사이트를 남기고 있다. 몇 년 전에는 혼자 임장을 다니면서 서울 지역 25개 구를 한 달에 하나씩 섭렵해 나가던 그다. 매달 임장 보고서를 카페에 하나씩 뚝딱 올렸었다. 몇 년째 한결같이 공부한 내용을 정리하여 블로그에 포스팅하고 있었다. 오늘 아침에도 H의 블로그에 글 하나가 포스팅되었다. 매주 일요일에는 그의 블로그에 독서 후기가 올라온다. 직장 다니면서 부동산 임장과 투자를 병행하고, 강의도 1년 전부터 시작했고, 유튜브도 시작했으며, 책도 펴냈다. 도대체 잠은 언제 자는지 모르겠다.

매일 아침, 9명의 지인이 모여 있는 서포터즈 채팅방에 일일 뉴스를 모은 글이 올라온다. 다른 사람이 모은 게 아니라 지인 M이 직접 스크랩한 부동산/주식/경제 뉴스, 인플루언서들의 글 제목과 링크들이다. 그는 매일 그날의 주요 부동산 글, 부동산 고수들의 블로그 글을 퇴근 후 밤에 정리해서 몇 년째 공유해준다. 서포터즈 시절 만났다. 활동 기간이 끝난 뒤 흩어졌다가, 어느 날 지인 M이 같이 공부하자고 예전 활동하던 멤버들을 다시 초대했다. 지금도 여전히 유지되는 중이다. 몇 달에 한 번 온·오프라인 모임을 하는데, 볼 때마다 놀란다. 지인 M의 발표 자료와 세미나를 들으면 공짜로 듣는 게 죄송할 정도다. 양질의 자료와 풍부한 데이터로 가득하다. 대기업 직장인에, 야근도 종종 하고, 주말에도 가끔 출근한다는 말도 종종 듣는다. 퇴근 후에는 육아까지 챙긴다. 필요한 강의도 다 챙겨 듣는다. 도대체 잠은 언제 자는지 모르겠다. 한번은 잠은 자냐고 물어봤다. 잠도 많이 잔다고 했다. 분명 여러 명의 지인 M이 집에 있을 거라며 멤버들끼리 웃으며 이야기한 적이 있다.

자신만의 인사이트를 나눠 주는 이웃 블로거들도 잠을 언제 자는지 모르겠다. 이웃 블로그의 글을 꼼꼼히 챙겨보려면, 나도 부지런해져야 한다. 블로그를 부지런히 하는 이유 중 하나다. 직접 포스팅을 하는 사람들은 다른 이웃 블로그와 소통하는 게 유리했다.

그것이 가장 빠른 지름길이다

다산 정약용 선생은 18년 동안 낮잠을 자본 적이 없다고 한다. 『다산의 마지막 습관』에 다산의 지름길에 대해 다음과 같이 소개하고 있다.

"빠른 결과를 얻는 방법을 배우는 것이 아니라 기반을 탄탄히 닦는 것이다. 그것을 보고 사람들은 '빠른 길을 두고 왜 둘러서 가느냐?'라고 묻지만, 사실은 그것이 가장 빠른 지름길이다. 가장 빠른 길은 지름길을 찾지 않는 것이다."

다산 정약용 생가

사람들이 가끔 이야기한다. "대단하세요!"라고. 대단한(super) 사람들 (human)은 속도를 내어 앞서가는 사람들이 아니라, 오늘도 묵묵히 자기가 하고 싶은 일, 해야 할 일들을 하루도 빼먹지 않고 계속해 나가는 사람들이었다. 어제도 오늘도 내일도 한다. 매일 해내는 사람들이다. 오늘을, 일주일을, 한 달을, 일 년을, 수년간 무언가를 지속하여서 해내고 있었다. 누구나 시작할 수 있다. 오늘부터 관심 있는 분야 또는 해야 하는 일 딱 하나, 그것을 매일 10분이라도 하면 된다. 한 줄 일기를 써도 좋고, 경제 신문 기사를 읽어도 좋고, 책을 매일 읽으면 더 좋다. 평단지기 독서법으로 시작해도 좋다. 하루 10분이어도 충분하다. 100일, 1년, 5년 사소한 하나를 계속 쌓아가면 역사가 된다. "대단하세요!"라는 말을 자연스레 듣게 된다. 누구나 될 수 있지만 아무나 될 수 없는 대단한 사람도 사소한 습관 하나에서 시작된다.

6

5초의 법칙, 우선순위 결정하는 하루 10분

5, 4, 3, 2, 1! 시작한다!

평단지기 독서와 부자 공부를 시작하기 전, 나의 일상은 평범한 직장인이었다. 오전 6시 40분. 5분, 10분만 더 잘까? 침대에서도 뒹굴뒹굴한다. 추워져서 이불 밖으로 나가기 싫다. 회사 출근 시간은 약 50분 거리다. 5분 늦게 나가면 교통량이 늘어 20분이 더 걸리기도 한다. 날씨가 쌀쌀해져서 주말 동안 할 일이 많이 생겼다. 여름옷을 넣고 가을/겨울옷으로 바꿔야 했다. 겨울 이불로 바꾸고, 책상에 하얗게 쌓인 먼지를 닦아내고, 욕실 타일과 욕조에 낀 물때 청소도 해야만 했다. 빨래도 세탁기에 돌려야 하고, 저녁 식사 후 널브러진 그릇과 냄비, 프라이팬이 싱크대에 수북이 쌓인 모습만 바라봐도 한숨이 절로 나온다. 휴…. 언제 다 하나 싶은 마음이다. 남편에게도 이걸 언제 다 하냐고 슬쩍 말하면, "힘들이지 말고, 그냥 대충 먹어."라는 대답만 돌아온다. 하기 싫은 것들만 남았다. 생각만 해도 이미 피곤해진다. 이번 주는 그냥 쉬고, 다음 주에 해야겠다 고 결론 내린다. 그렇게 다음 주는 금방 되돌아왔고, 또 미루기로 했다. 점점 더 추워진다. 단 한 번 미루니, 이미 늦었다.

새벽 5시 알람이 울린다. 5, 4, 3, 2, 1, 기상! 바로 침대에서 일어나 이 불을 걷어 젖히고 거실로 나오는 데 5초 걸렸다. 재테크 카페에서 강의를 들었는데, 책을 한 권 소개받았다. 너무 강렬한 인상을 받아서인지 바로 책을 주문했다. 받은 책 표지는 달랑 숫자 5만 크게 적혀있었다. 멜 로빈 스의『5초의 법칙』이다. 책 표지를 넘겨보니 파란색 배경 화면에 크게 숫 자 '4'가 보인다. 한 장 더 넘기니 왼쪽 페이지에 '3' 오른쪽 페이지에 '2'가 있다. 한쪽 더 넘기니 '1'이다. 딱 5초다. 5초의 법칙은 "당신을 시작하게 만드는 빠른 결정의 힘이며, 행동을 시작하는데 딱 5초면 도움이 된다." 라고 설명하고 있다. 꾸물거릴 겨를 없이, 바로 시작할 수 있도록 도와준 다. 5, 4, 3, 2, 1, 시작한다! 그냥 숫자만 거꾸로 세어보면 끝이었다. 책 을 읽은 후에는 5, 4까지만 세어도 행동으로 옮기는 경우가 생기기 시작 했다. 미룰 필요가 없다.

미라클 평단지기 독서법을 매일 실천하려고 아침마다 알람을 맞춰놓았지만, 5분만, 10분만 더하다가 다시 꿈속으로 빠져들어 가곤 했다. 그럴 때 5초의 법칙이 떠올리니, 바로 일어날 수 있었다. 다른 무언가를 시작해야 할 때, '하고 싶은 기분이 아니야.'라는 태도를 보이게 될 때 5초의 법칙은 인생을 바꾸는 방법의 하나가 되었다. 몇 년이 지난 지금도 화장대 앞 거울에는 5, 4, 3, 2, 1 숫자가 적힌 메모가 그대로 붙어 있다. 외출할 때마다 거울을 본다. 미룰까, 다음에 할까 하는 생각은 잠시뿐. '그렇지, 5, 4, 3, 2, 1 시작하면 되지.'라고 한 번 더 외쳐보곤 한다. 욕실 청소를 해야 할 때도, 이불을 바꿀 때도, 계절 옷을 바꿔 넣을 때도 언제 하겠다는 계획이 세워지면, 이제는 바로 시작한다.

부자가 되면 하고 싶은 버킷리스트 100가지

버킷리스트 100가지를 적은 적이 있다. 부자가 되면 하고 싶은 일이 100가지는 족히 넘었다. 죽기 전에 해보고 싶은 것들도 적었고, 여행 가고 싶은 것도 적었다. 나중에 부자가 되면 하고 싶은 것, 남편과 여행하고 싶은 곳으로 가득하다. 하나씩 다 해보겠다는 생각으로 말이다. 팀 페리스의 『지금 하지 않으면 언제 하겠는가』와 김종원의 『마지막 질문』에 나오는 쇼펜하우어의 대화가 미래가 아닌 현재 바로 시도해도 된다고 알려주었다. 쇼펜하우어는 하고 싶다고 생각하면 바로 실천하므로 버킷리스트가 처음부터 없다고 했다. 그렇게 하고 싶은 걸 종이에만 적고 있었다는 글을 보고는 그전에 적어둔 나의 버킷리스트를 다시 한 번 훑어보았다. 돈이 많지 않아도 할 수 있는 것들이 있었고, 지금 할 수 있는 일들도 많이 적혀 있었다. 책을 쓰거나, 강연도 하고 싶다고 생각했었는데, 지금 바로 그걸 시작할 수 있겠다는 생각이 들었다. 일단 100개의 콘텐츠를 기록하기 위해 블로그를 개설했다. 매일 아침 5시에 눈을 떠서 평단지기 독서법으로 책을 읽은 후, 한 시간씩 지역 분석을 하고, 글을 정리해서 카페에 공유했다. 내가 하고 싶은 일로 채워나갈 때는 더 이상 5, 4, 3, 2, 1 숫자를 셀 필요가 없어졌다. 그냥 바로 시작이다.

삶의 우선순위를 정하면, 선택이 쉬워진다

모든 걸 바로 시작하지는 않는다. 당연히 하기 싫은 일이라면, 미루게 된다. 우선순위를 고려해봤을 때, 미루어도 되는 일, 방해되는 일들은 문제를 해결하지 않고 일부러 미루기로 했다. 대신 일부러 미뤄둔 일들은 잘하려고 노력하지 않고 모아서 쉽게! 대충하려고 마음먹는다. 오히려 짧은 시간에 적은 노력으로 금방 끝낼 수 있게 해준다. 즉, 전략적 미루기 행동이다.

책을 읽거나, 공부나 업무할 때도 갑자기 문득문득 떠오르는 것들이 생긴다. 궁금해서 지금 당장 찾아보고 싶어도 잠시 참는다. 방해되는 생각들은 일단 별도의 메모지에 기록한다. 조금 있다가 할 목록이다. 그리고 하던 일을 계속 진행한다. 하던 일이 끝나면, 메모지에 적은 목록들을 들여다보고 문제를 해결하는데 빨리 쉽게 할 수 있는 것부터 다시 시작해본다.

　속도를 내기 위해서는 시간 활용이 관건이다. 시간은 고무줄과 같다. 우선순위가 높은 일이 생기면 시간을 잘게 나누게 되고, 우선순위가 낮으면 그것에 맞게 시간이 늘어진다. 갑자기 엄마가 쓰러졌을 때, 남편이 아프다고 전화가 왔을 때 다른 건 중요하지 않았다. 몇 시간, 며칠이 걸렸다. 우선순위가 높아지면 열 일 제쳐두고 먼저 그 일을 한다. 회사 일보다 가족이 더 중요했다. 돈보다 건강이 더 중요했다. 지금 당장 중요한 일은 무엇보다 우선순위를 높이게 된다. 자동으로 가장 먼저 하기 위해서다. 원하는 일을 먼저 수행하면 불필요한 시간은 자동으로 줄어든다. 성공한 사람들은 정반대로 시간을 활용하고 있었다. 우선순위가 낮으면 하지 않는다. 스스로 성과를 평가해보고, 행복한 한 해를 보냈다고 생각하고 우선순위에 초점을 맞출 때 원하는 삶을 살아간다. 삶의 우선순위를 정하면, 선택이 쉬워진다. 결정하고 바로 행동만 하면 된다. 변화는 그때부터 시작된다.

7

우리의 우선순위, 선택과 포기를 정해주는 10분

우리의 우선순위는 달랐다

버킷리스트 100가지를 적었을 때 남편에게 보여주려 한 적이 있다. 우리 이렇게 살자고 하면서 말이다. 그런데 남편은 "됐어, 나는 별로 하고 싶은 게 없어. 자기가 하고 싶은 거잖아."라고 한다. 신혼 초에도 그랬다. 남편과 같이하고 싶은 게 참 많았다. 한강 공원도 같이 걷고, 탁구도 같이 치고, 헬스장도 같이 다니고, 맛집에서 맛있는 음식을 함께 먹고, 여행도 같이 다니자고 했다. 이렇게 내가 하고 싶은 것들을 "같이 뭐 좀 배워볼까? 이것 좀 같이하자." 제안해도, 남편은 "난 별로." "공원에 같이 산책하러 갈까?" 물어보면 "다녀 와."라고 하는 경우가 점점 늘었다. 물론 남편도 함께하면 좋아하는 것이 종종 겹치긴 했지만, 내가 하고 싶은 게 대부분이었다. 처음엔 속상했다. 그런데 여자와 남자는 다르다는 걸 조금씩 알아갔다. 남편의 "운동도 같이하면 두 사람 모두 운동이 되는 건 아니야."라는 말에 공감이 가기 시작했다. 한 사람의 속도를 맞춰 걸으면, 다른 사람은 운동이 안 된다. 한 사람은 다른 사람의 속도에 맞춰주고 있을 뿐이다. 지금 돌이켜 생각해보니, 운동에 목적이 있었던 게 아니라 그냥 뭐든 '같이' 있고 싶었던 거였다. 나의 우선순위, 남편과 함께하는 우리의 우선순위는 달랐다. 사소해 보이지만 중요한 걸 인정하니 남편에 대해 서운함이 줄었다. 남편이 이해되기 시작했다. 버킷리스트를 다시 들여다보니 나 혼자 정한 우리의 리스트가 꽤 많이 보였다. 과감하게 하나씩 지워나갔다.

재테크 카페에서 일부 사람들은 사는 집을 활용하여 투자금을 만들었다. 예를 들어, 실거주하는 집이 있으면, 매도하거나 전세를 주고 본인은 월세를 살면서 투자금을 확보하는 경우였다. 전셋집도 월세 형태로 바꾸고 전세금을 투자금으로 확보하기도 했다. 재건축 투자에 승부처를 두고 종잣돈을 마련하기 위해 낡은 집에 들어가기도 했다(2021년 7월 13일. 재건축 조합원 2년 실거주 의무 조항이 삭제되어 필수 거주할 필요가 없게 되었다). 남편에게 슬쩍 "우리 집도 팔고 재건축될 아파트에 들어가서 잠시 살까?"라고 이야기를 꺼냈다. 남편은 "지하 주차장도 없고, 벌레도 많고, 낡은 집에서 어떻게 살려고, 당신은 괜찮겠어?"라고 반문한다. "인테리어 싹 하고 들어가면 되지."라고 부연 설명을 해보지만, 솔직히 '살수 있을까? 나도 못 살 것 같긴 하다.'라는 마음이 들기도 한다. 좋은 걸한번 경험해본 후에 그렇지 않은 과거로 되돌아가기는 힘든 마음이랄까. 내부는 인테리어로 새것으로 대체할 수 있지만, 지하로 연결되지도 않고 주차구역도 부족한 주차장, 벌레들, 주변 낡은 공용 시설들은 여전히 불편해 보인다. 나의 투자 욕심을 내려두고, 남편의 의견을 존중하기로 했다. 우리의 행복을 위해서 말이다.

남편과 나는 둘만의 텔레그램 채널을 운영한다. 텔레그램은 글 수정이 자유롭고, 비밀스럽게 운영할 수 있으며, 여러 플랫폼을 사용하는 우리 부부에게 스마트폰, 패드, 노트북, PC 등 동시에 접근할 수 있는 장점이 있었다. 신문을 보거나, 책을 읽다가, 주변을 지나가다가 찍은 사진들을 각자 서로에게 공유한다. 하루는 내가 중요하다고 생각하는 것, 남편도 관심을 가졌으면 하는 것들을 보냈다. 어느 날, 사진을 공유하다 보니 열 장이 넘는 사진이 한 번에 공유되었다. 그런데 남편이 갑자기 함께 사용하던 텔레그램 대화방을 삭제해버렸다. 헉. 대화방을 만든 사람이 지우니, 나에게도 지워졌다. 그동안 모아둔 자료가 하루아침에 다 날아갔다. 남편은 중요하지 않은 자료들이 너무 많이 공유된다고 했다. 본인은 보고 싶지 않은 사진들인데 왕창 다운로드되는 중이라고 나오니 짜증이 났다고 한다. 그동안 다시 찾아보고 싶은 정보가 있어도, 불필요한 정보가 너무 많이 공유되어 찾을 수가 없었다고 말이다. 그래도 그렇지, 그동안 공유했던 정보가 모두 사라져버려 잠시 속이 상했다. 잠시 생각할 시간이 필요했다. 한동안 공유를 중단하고 대화도 멈췄다. 이 사건은 나와 남편의 우선순위가 또 한 번 다르다는 걸 깨닫게 해준 계기가 되었다. 며칠 후 대안을 찾았다. 텔레그램 채널을 몇 개로 분산하는 것이다. 일상에서 대화하는 채널(Home), 시간 날 때, 보고 싶을 때 보는 자료를 공유하는 채널(Share), 주식/부동산 자산정보 공유하는 채널(Money), 여행 및 맛집, 쿠폰을 모아두는 채널(Life)의 4개를 만들었다. 각자 보기 싫은 건 안 보고, 각자 필요한 것을 챙겨볼 수 있도록 찾아보기 쉽게 만든 것이다. 그 이후 지금까지 잘 운영 중이다.

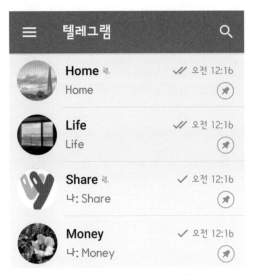

텔레그램 채널 개설 사례

지금 무엇을 '선택'하고 무엇을 '포기'하고 있을까?

가족의 우선순위에는 배려가 필요하다. 자칫 나의 우선순위만 고집하다가는 가정에 평화가 깨지기 쉽다. 돈도 마찬가지다. 지나치게 돈만 추구하다 보면 다른 소중한 것들을 잃는다. 『세상에서 가장 발칙한 성공법칙』의 저자 에릭 바커는 무엇을 이루기 위해서는 등가교환이 필요하다고 설명한다. 그는 "이걸 하고 싶어."라고 말한다면 "대신에 저건 기꺼이 포기하겠어."라는 말도 같이 할 필요가 있으므로 '전략적 포기'를 해야 한다고 한다. 누구 한 사람의 철학(?)만을 우선할 수 없는 것이다. 행복의 조건에는 여러 가지가 있다. '만약에' 부자가 되겠다는 마음을 먹었다면, 지금 무엇을 '포기'하고 있을까? 만약 80~90세라면 젊었을 때 못 해본 것 중 후회되는 것은 무엇일까 고민해보았다. 그러자 지금 우선순위를 어디에 둘지 보이기 시작했다. 우선순위와 버킷리스트에 변화가 생긴다. 가족, 돈, 건강, 마음의 평화, 타인을 돕는 것이 인생의 목표가 된다. 이런 조건들의 균형은 평생토록 행복을 유지하는 원동력이 된다. 우리 가족에게 맞는 균형과 배려가 필요하다. 이런 과정을 함께할 수 있다는 사실만으로도 가족의 행복은 이미 우리 곁에 있다.

목표는 이룰 수 있는 것보다, 이루기 어려운 큰 목표를 세워 두는 게 좋다. 대신 작은 목표로 잘게 쪼개어 성공의 기쁨을 자주 맛보는 게 꾸준히 할 수 있게 하는 원동력이다. 생각보다 빨리 목표를 달성하면, 그 후로는 허무해진다는 이야기를 들었다. 어느 순간 돈을 얼마 벌겠다는 목표보다는 타인을 위한 삶, 사회적 공헌을 위한 큰 목표로 향해야 살아 있는 이유가 즐거워진다. 평범한 사람이 처음부터 사회적 공헌, 타인을 위한 삶을 목표로 삼는 건 쉽지 않지만, 시간이 지나고 나이가 들면 삶의 목표가 점점 원대해진다. 나의 큰 목표 중 하나는 '타인의 독서를 돕는다'로 정했다. 그 목표를 향해 평단지기 독서법으로 세상을 향해 한 걸음 내디뎠다.

2030년 마스터 플랜 v3.0 (2021년 기준)

8

더 시스템, 10분 바른 생활

바른생활 루틴

2018년부터 매년 10월이 되면 기다리는 책이 있다. 2021년 10월, 어김없이 김난도 교수의 『트렌드코리아 2022』가 출간되었다. 올해 트렌드를 분석하고, 다음 해 다가올 트렌드를 10개의 키워드로 예측하는 책이다. 지금 과연 트렌드 속에서 살아가고 있을까 궁금했다. 대중들이 어떻게 생각하고 있는지 알아보고 싶어 꼭 챙겨본다. 올해는 '바른생활 루틴이[1]' 이라는 키워드가 눈에 띄었다. 나도 바른생활을 하고 있었을까?

내 취미는 계획 세우기다. 포스트잇으로 나온 원형의 일일 계획표도 샀다. 회사에서도 일일 계획표를 짜고, 주중, 주말 일정표도 작성했다. 초등학교, 중학교, 고등학교, 대학교, 대학원은 물론 직장에서까지 계획을 세우곤 했다. 주간보고를 제외하고 일일 계획서까지 작성하는 직장인이 얼마나 될까. 그런데 회사에서는 흔히 볼 수 없던 계획적인 사람들을 재테크 카페에서 우연히 만났다. 신기하게도 시간 계획을 세우는 사람들이 많았다. 비슷한 공감대를 가진 자기 계발에 익숙한 사람들이 모여 있었다. 부자 되는 공부를 하려면 시간 확보가 관건이었다. 평소 우리는 늘 바쁜 사람들 아닌가. 이것저것 하고 싶은 것, 해야 할 것들을 떠올리면 생각만 해봐도 빼곡하다. 불필요한 시간을 줄여 집중하는 시간으로 대체가 필요하다. 하루를 관찰하면서 흘려보내던 시간을 자기 계발과 투자 공부를 위한 시간으로 조금씩 바꿔 나가는 것이다. 습관은 66일간 지속하면 바꿀 수 있다고 한다. 매일 시간 가계부를 기록하고 인증하기도 했다. 나도 어느새 바른생활 루틴이로 변하고 있었다. 새벽에 일어나 독서하고, 자기 계발 공부로 계획을 꽉 채워나가고 있었다. 이 과정에서 나의

---

1) Routinize Yourself 바른생활 루틴이

자기 관리에 철저한 신인류가 나타났다. 스스로 바른생활을 추구하며 루틴을 지키려고 노력하는 이들을 '바른생활 루틴이'라고 부르고자 한다. 근로 시간의 축소와 재택근무 확산으로 인한 생활과 업무의 자유도가 높아지면서, 오히려 자기 관리에 대한 욕구가 커졌고 스스로를 통제해 생산성을 높이고자 하는 사람들도 늘고 있다. 루틴이의 자기통제 노력은 어글인간식 자기계발이 아니라 치열한 경쟁 사회에서 힐링을 도모하고, 스트레스를 해소하며, 미세행복을 추구하는 것으로 나타난다.

평단지기 독서법이 탄생했다. 일일 계획표의 10분, 15분, 30분, 1시간 단위까지 가득 일정을 빼곡히 집어넣었다. 숨 쉴 틈 없는 하루를 보내기도 했다. 한 달 내내 바쁘게 지내다 보니 갑자기 몸에서 이상 신호가 하나씩 나타났다. 지금 되돌아보면, 당시에는 솔직히 다른 생각할 여유시간조차 없었던 것 같다. 생각 없이 시간표대로 움직이는 로봇처럼 말이다.

짜인 계획대로 살아가면 점점 가속도가 붙는다. 멈추고 싶어도 어느 순간 가속페달에서 발을 떼기 어렵다. 마냥 멈춰지질 않았다. 조금만 여유를 부리면 뭔가 죄책감이 들기도 하고, 뒤처지는 느낌이 들어 계속 전력 질주하고 있었다. 멈추어야 했다. 나만의 속도를 찾기로 마음먹은 후에야 비로소 바른생활에 변화가 생긴다. 즉, 일일/주간 계획에 쉬어가는 시간을 강제로 마련하기로 했다.

새로운 아침이다

새로운 아침이다. 거실에서 새벽 4시 스마트폰 알람이 여전히 울린다. 손목에 찬 핏빗(Fitbit)에서도 4시 알람에 맞춰 진동이 느껴진다. 눈을 감은 채 핏빗 알람을 껐다. 거실 밖에서 계속 징징 울리는 알람 소리에 옆에서 자는 남편이 깰 것 같다. 얼른 일어나 침실 밖으로 나와 알람을 끈다. 어제 늦게 잤으니 30분만 더 잘까 싶다가, 바른생활 해야지 하는 생각에 화장실로 방향을 바꿨다. 화장실 입구에 있는 체중계에 올라가본다. 체중계 앞자리 숫자가 바뀌었다. 휴···. 책 쓰느라 잠시 미뤄둔 훌라후프. 안 되겠다. 다시 돌려야겠다. 엊그제 평단지기 독서법을 통해 읽을 책을 리디북스 전자책에서 골랐다. 덕분에 손에 스마트폰을 쥐고 책을 읽으면서 훌라후프를 23분 돌렸다.

자, 이제 PC를 켜고, 의자를 당겨 앉는다. 새벽에 훌라후프를 하면서 읽은 부분 중에서 유독 꽂힌 오늘 문장, 순간의 생각을 기록하고, 오늘 행동할 적용할 점을 블로그에 남긴다. 오늘은 토니 로빈스와 피터 멀록의 『돈의 본능』에서 재정적 자유를 얻고 싶다는 내 욕망을 견인하는 것은 무엇인지, 어떤 욕구가 내 등을 떠밀고 있는지 답을 찾아보기로 했다. 과거에 썼던 내 비전 보드, 은퇴계획 작성해둔 파일도 다시 열어본다. 어제 포스팅한 블로그 글을 조금 보완했더니 벌써 1시간 30분이 지나버렸다. 블로그 포스팅 후에야 얼른 책 쓰기 모드로 전환한다. 한 시간 정도 한 꼭지를 채워보겠다고 다짐하지만, 아직 초고를 쓰는 중이라 한 시간에 한 꼭지는 쓰는 건 조금 부족했다.

새벽 시간에 경제적 자유로 한 걸음 더 나아가기 위해 부동산, 주식 등의 경제 분야 공부는 계속 유지한다. 자산 분산용 포트폴리오를 넓히기 위해 2021년부터는 주식 공부를 시작하기로 했다. 새벽의 평단지기 독서법은 주식 고전 분야까지 넓혀갔다. 바른생활 5년 차. 고등학교 때 이런 루틴으로 임했다면 서울대학교에 갔을지 모르겠다고 가끔 생각하기도 했다. 고등학교 때는 몸이 약하다는 핑계로 야간자율학습을 한 번도 하지 않았다. 수업이 끝나면 집으로 와서 일찍 잠들었다. 마흔이 되기 전까지만 해도 6시 40분에 겨우 일어나 출근 준비에 바쁜 직장인이었다. 보통 12시, 새벽 1시를 넘어 잠이 들었다. TV나 인터넷 카페, 쇼핑, 맛집과 여행 관련 자료만 찾아다녔다. 그랬던 내가 새벽 4시에 일어나다니. 일찍 잠드니 수면시간은 예전과 다른 게 별로 없다.

지금 이 순간 모든 것에 완벽할 필요가 없다

누군가에게 계획 세우기는 강박관념으로 다가오기도 한다. 누군가에게는 계획 세우기도 취미활동이 될 수 있다. 조금씩 습관이 익숙해지면 시간표는 더 이상 들여다볼 필요가 없다. 속도에 맞춰 규칙적으로 시스템화되기에 매주 해야 할 일을 주간 일정으로 정해둔다. 하루 하나다. 즉, 요일 속도에 맞춰 천천히 해나간다. 주말에는 특히 외부 활동이 많으니 월요일을 체력을 보충하며 조용히 책 읽는 시간으로 만들었다. 목요일에는 재활용 쓰레기 수거일이라 남편과 퇴근하면서 외식하고 분리수거를 함께 하는 요일로 정했다. 그동안 미뤄두었던 집안일도 하나씩 해결하고, 재무제표도 점검하는 등 시스템화했다. 자연스럽게 몸도 쉴 수 있는 시간을 중간에 마련했다. 수면시간을 '핏빗'으로 측정해보니, 체감상 1시간 30분 정도의 수면주기가 내게 적절하다고 판단했다. 내 경우 너무 많이 자도 두통이 생기고, 잠이 부족해도 머리가 멍하곤 했기 때문에 1시간 30분 배수 단위로 잠을 잤다.

점심시간에는 식사 후 산책하면서 신문을 보거나, 유튜브 경제 방송을 듣는다. 다행히 회사에서 유연근무제를 운용하고 있어서 평소에 8시 출근 5시 퇴근할 수 있었다. 퇴근 후 피곤하면 침대에 누워 잠시 에너지를 충전시킨다. 챙겨보는 유튜브 영상을 가끔 틀어놓기도 하고, 그냥 생각에 잠기기도 하고, 오디오북을 듣기도 한다. 그제야 체력이 보충된다. 퇴근 상태가 끝났다. 이제 기운을 차리고 다시 일어난다. 책을 읽거나, 컴퓨터를 켜서 일일 경제지표 정리를 하고서야 하루가 마무리된다. 주말 아침이면 부동산 시세를 모니터링하고 직접 운영하는 네이버 카페에 주간 시세 동향을 올려둔다. 누구의 강제도 없다. 몸도 마음도 한결 편해졌다.

우린 알파고가 아니다. 알파고도 버그가 있으면 지속해서 수정하고 점진적으로 업그레이드한다. 지금 이 순간 모든 것에 완벽할 필요가 없다. 나의 목표를 정하고 계획을 세운다. 그리고 시도하고 실패하더라도 다시 시작한다. 속도전에는 내가 밀릴지라도 꾸준히 하는 것은 자신 있다. 어쩔 수 없는 체력적 한계나 다른 긴급한 일이 생겨 오늘 해야 할 일을 못하게 되더라도 자신을 탓하지 않고, 인정하는 것이 중요하다. 잠시 쉰다고 생각한다. 또 다른 새로운 새벽이 나를 기다리고 있기 때문이다. 새로운 아침 10분, 나를 매일 만나면 된다. 그렇게 다시 시작하는 것이다. 매일 성장한다. 중요한 우선순위를 정한다. 이거다 싶은 것을 시스템으로 정하고 꾸준히 한다. 어디에 힘을 발휘해야 하는지 조금씩 발견한다. 아니다 싶은 건 과감하게 전략적으로 포기해도 괜찮다. 꾸준함과 전략적인 포기는 나만의 속도를 찾는 데 도움이 된다. 확연히 나아지고 있다고 자신을 믿는다. 내가 정한 원칙이 바로 나의 바른생활이 된다.

새벽마다 혼자 책을 읽는다. 홀로 생각에 잠긴다.
어제보다 나아지는 나를 관찰한다.
조금씩 달라진다.
점점 강인해진다.

책을 읽는 인생은 속도가 아니라 방향이다. 사람이 책을 읽는 이유는 완독하기 위해서가 아니라 생각하고 행동하기 위해서다. 모른다는 사실을 두려워하지 말고, 책을 읽지 않는 것을 책망하라. 필요한 책만 읽기에도 인생은 너무 짧다.

제 3 장

나는 평단지기 독서로
어떻게 새로운 인생을
시작했는가?

"결국 우리가 뛰어드는 직업 세계에서는 한 가지 능력을 갖는 것이 중요하다. 나머지 능력은 별로 중요하지 않다."
-『세상에서 가장 발칙한 성공법칙』, 에릭바커

세상에 통계학을 적용해본다. 중심으로부터 멀리 떨어져 분산이 큰 사람이 아웃라이어다. 자신만의 강점을 살릴 때 전문가가 되어 다른 사람들보다 뛰어나게 된다. 당신만의 장점을 찾아 나만의 방식으로 기회를 만드는 오늘을 만든다.

1

책에 이것이 있다

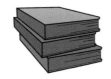

책을 읽기로 결심했기 때문이다

대전 출장이다. 혼자 차를 가져가기로 했다. 대신 든든한 지원군과 함께하기로 했다. 평단지기 독서법으로 읽었던 피터 린치의 『월가의 영웅』에 "주식에 관심이 있더라도 통계학보다 역사와 철학 공부가 주식 투자에 훨씬 도움이 되었다."라는 문장이 갑자기 떠올랐다. 최근 경제경영서만 읽었다는 생각이 들어 사람에 관한 인문학책을 읽기로 했다. 리디셀렉트를 열었다. 김종원 작가의 『인문학적 성장을 위한 8개의 질문』이라는 인문학책이 눈에 들어왔다. 오늘은 김종원 작가님과 함께 출장 가자! 왕복 4시간 동안 오디오북을 들으며 책 한 권을 완독했다. 김종원 작가는 평생 40권의 책을 출판하는 동안 오로지 타인의 글을 인용한 것은 '괴테의 말'뿐이라고 했다. 괴테의 열렬한 팬이었다. 괴테의 말만 모아 둔 문장이 귀에 쏙 들어왔다. 그동안 성공학 기초를 다지기 위해 마음에 새겼던 문장들이 그곳에서 보였다. 뻔한 말 같지만, 괴테의 말을 빌려 책을 읽는다는 것에 대한 내 느낌을 재정의해본다.

- 책 읽기를 서두르지 말자. 그러나 쉬지도 말자.
- 책을 읽는 인생은 속도가 아니라 방향이다.
- 현명한 답을 얻고 싶다면 현명한 독서를 해야 한다.
- 혼자서 책을 읽을 마음이 없다면 여럿이 독서 모임을 해도 대화에 끼어들지 못한다.
- 사람이 책을 읽는 이유는 완독하기 위해서가 아니라 생각하고 행동하기 위해서다.
- 모른다는 사실을 두려워하지 말고, 책을 읽지 않는 것을 책망하라.
- 필요한 책만 읽기에도 인생은 너무 짧다.

5년 차 독서가. 우연히 집어 든 책 한 권부터였다. 새로운 희망과 도전, 성공학으로 입문하기 위한 동기부여에 충분했다. 지금 내가 이 책을 쓰고 있다는 사실도 그 당시 책을 읽기로 결심했기 때문이다. 이 책을 읽고 있는 독자에게도 평단지기 독서법의 영향으로 본인의 성장과 희망의 길을 찾는 데 도움이 되었으면 좋겠다.

책 속에 이것이 있었다

성공하기 위해 쉽고, 빠르고, 저렴하고, 전문적인 방법은 바로 책 읽기에 있다. 사람들과의 대화 부족으로 힘든 적이 있었다. 그럴 때 『인간관계론』, 『미움받을 용기』 등의 심리학책으로 위로받았고, 사람들에게 다가가 손을 내밀었다. 먼저 미안하다고 했다. 책에서 알려준 대로 하나씩 따라 해보니 진짜 해결이 되기 시작했다. 엄마가 편찮으셔서 병원에 입원하셨을 때, 매일 아침 『나 치매요, 어쩌면 좋소』라는 책으로 평단지기 독서를 했다. 신기하게도 책을 다 읽은 10일 차에 엄마가 퇴원했다.

실거주 아파트를 사려고 우연히 부동산 책을 읽게 되었다. 경제적 자유로 향하는 설계도를 얻은 기분이었다. 경제 공부를 위해 금융, 외환, 대출, 주식, 부동산 책들을 읽고 따라 해보니 자산이 불어났다. 2022년 1~2월 주식 하락장에서도 고전이나 인문학, 철학책뿐 아니라 『돈의 본능』, 『주식시장의 17가지 미신』 등을 평단지기 독서로 미리 읽어두었기에 멘탈 관리, 마음에 평안함이 있었다. 신기하게도 내가 닥친 문제와 어려운 상황은 매일 읽었던 평단지기 독서를 통해 책에서 하나하나 답을 찾았다. 족집게 강사처럼 어쩜 딱딱 맞추는지 신기할 정도였다.

'책 속에 길이 있다.'라는 문장은 나도 어렸을 때부터 귀에 익히 들은 문장이다. 책을 수십 권 정도 읽고 난 후부터 이 속담이 다르게 느껴지기 시작했다. 정말 책 속에 답이 있었다. 분명히 책 속에 돈이 있었다. 책은 무조건 읽어라.

책을 읽어야 하는 이유

워런 버핏은 하루에 500페이지를 몽땅 읽기도 하고, 빌 게이츠는 일주일 동안 생각 주간을 가지기도 한다. 『부의 인문학』, 『부의 본능』 저자 브라운스톤(우석)도 독서가 가장 큰 역할을 했다고 한다. 『생각의 비밀』, 『돈의 속성』 저자 김승호 회장, 『웰씽킹』 저자 켈리 최 회장의 시작도 책 읽기부터였다. 내가 그동안 읽었던 '독서'에 관한 책 중에서 책을 읽어야 하는 이유 몇 가지를 소개해본다.

- 『그들은 책 어디에 밑줄을 긋는가?』 "단 한 줄이라도 좋으니 내게 도움이 되는 문장에 밑줄을 긋고, 그 한 줄이 몸에 배게 하자. 그러면 그 책은 내게 가치 있는 한 권의 책이 된다."
- 『독서는 절대 나를 배신하지 않는다』 "당신이 일하고 동료들과 대화를 나눌 때마다 읽은 책의 권수만큼 뒤에서 저자들이 버티고 서서 도와주고 있다고 생각해 보라. 혼자 일하는 사람은 몇십 명이 도와주는 사람을 당해 낼 수 없다."

- 『나는 한 번 읽은 책은 절대 잊어버리지 않는다』 "독서는 모든 것을 제공해준다."
- 『한 줄 내공』 "단 6분간의 독서만으로도 스트레스가 68퍼센트 감소했고, 심박수가 낮아지며 근육의 긴장이 풀어진다."

이 책 두 권은 꼭 봐야 해

2019년 어느 주말 오후, 잠실에 있는 교보문고에 갔다. 지하에 경제경영 서적 판매대에서 신간이나 인기 도서가 어떤 것이 있는지 둘러보고 있었다. 마침 30대로 보이는 남자 두 명이 경제경영 서적 판매대 근처에서 주고받는 이야기를 우연히 들었다.

"친구야, 네가 앞으로 사업을 하거나, 기업을 경영하려면 이 책 두 권은 꼭 봐야 해."

"뭔데?"

"대니얼 카너먼의 『생각에 관한 생각』이랑 레이 달리오의 『PRINCI-PLES, 원칙』. 네 사무실 책상에 항상 두고 읽어야 할 책들이야."

옆에 있던 친구에게 두 권의 책을 소개하면서 건넨 한 친구의 말이 내게 들려주는 이야기처럼 들렸다. 직장인이라도 마음은 CEO지 하면서, '평생 사무실에 두고 읽어야 할 책이라고?' 두 친구가 지나간 자리에 서서 무슨 책인가 궁금해서 얼른 집어 들었다. 한 권은 우연히 전자 서점에서 골라 평단지기 독서법으로 읽었던 벽돌 책, 대니얼 카너먼의 『생각에 관한 생각』이었다. 전자책으로 두 달 동안 매일 읽었던 책이라, 책이 어느 정도의 수준인지 알 수 있었다. 그 책이라면 나도 누군가에게 추천하고 싶은 책이었다. 그렇다면 레이 달리오의 『원칙』도 꼭 읽어보고 싶었다. 사실 한 권의 책을 사람마다 받아들이는 것에는 차이가 있다. 모두에게 좋은 책은 없다. 다만, 비슷한 책을 좋아하고 비슷한 사고를 하는 사람이 추천하는 책이라면 충분히 읽어볼 가치가 있다고 생각한다.

『생각에 관한 생각』의 저자 대니얼 카너먼은 심리학자인데 노벨경제학상을 받은 분이다. 빠르게 생각하는 '시스템 1'과 느리게 생각하는 '시스템 2'를 소개한다. 투자자들에게 심리가 어떤 역할을 하는지, 손실은 이익보다 더 커 보이는 '손실 회피' 성향을 보인다는 결론 등이 수많은 사례가 소개되어 있다. 즉, 부동산 투자든, 주식 투자에서든 멘탈 관리에 도움이 되었다. 전자책으로 한 번 읽고, 1년 후에 오디오북으로 한 번 더 읽고, 일 년 후에 독서 모임을 주관할 때도 꼭 읽어보라고 주변에 추천하고 있다. 레이 달리오의 『PRINCIPLES, 원칙』은 일의 원칙과 조직의 원칙을 위해 무엇을 원하는지, 무엇이 진실인지 진실 관점에서 원하는 것을 성취하기 위해 무엇을 해야 하는지 결정하기 위해 스스로 생각하라고 조언하고 있다. 경제의 원리도 이해하는 데 도움이 된다.

아무나 책을 쓰지는 않는다

책을 써보니 알겠다. 아무나 책을 쓰지는 않는다. 출판사는 아무 책이나 출간하지 않는다. 수많은 실패와 경험을 통해 자신의 성공담을 글로 남겨 다른 이에게 도움을 주고 싶어 하는 저자들이 글을 쓴다. 출판사도 출판사의 가치관에 맞는 책을 출간한다. 그게 책이다. 한두 달 만에 뚝딱 나오는 책이 아니란 말이다. 이렇듯 어려운 문제에 나 홀로 파묻혀 헤매고 있을 때, 먼저 문제를 해결해 낸 전문가들이 쓴 책이 있다. 물론 책으로 펴내지 않은 숨은 고수도 많겠지만 가까운 서점, 도서관에서는 먼저 앞서간 성공한 사람들의 성공담이 뷔페처럼 차려져 있다. 아무리 많아도 내가 소화할 수 있는 양은 제한적이다. 뷔페에서 모든 음식을 다 먹어볼 수도 없다. 비싸고 질 좋은 음식, 좋아하는 음식만 골라 먹는 것으로 충분하다. 더러 처음 본 음식이 나에게 꼭 맞는 때도 있다. 답을 구하고 싶은 것에 관한 책을 몇 권 정도 찾아 읽은 후, 가끔은 다른 분야로 눈을 돌려 책을 읽으면 된다. 다른 곳에서 오히려 쉽게 답을 찾을 수 있을지 모르니 말이다. 책 앞부분을 살펴보면 저자의 블로그나 사회관계망 서비스 주소가 나온다. 찾아가 공감하거나 질문을 남겨봐도 좋다. 저자와 진짜 가까워질지도 모른다.

성공의 기초는 책이었다. 성공한 사람들의 이야기를 엿보면 대부분 책 이야기가 나왔다. 남들보다 먼저 자신의 목표 지점에 도착을 돕는 최적의 길이 바로 책이다. 왜 먼 길로 돌아가는가. 왜 막히는 길을 가는가. 든든한 내비게이터에서 알려주는 대로 운전만 하기로 했다. 지나가다가 우연히 맛집을 들어가 맛있는 음식을 만난 기분으로, 난 오늘도 "여보, 책 속에 답이 다 있었어!"라며 남편에게 책 맛을 소개한다.

2
블로그는 생명이다

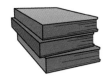

책을 쓰고 싶다면 블로그를 시작한다

재테크 카페에서 뜬금없이 '팔리는 글쓰기와 책 쓰기' 강의 공지가 올라왔다. 나의 비전 보드에도 책 쓰기가 있었기에 강의를 신청했다. 공대 출신인 나의 글은 논문 쓰듯이 이론과 실험 결과 위주로 나열하는 수준이었다. 글 좀 잘 써보고 싶어서 『유시민의 글쓰기 특강』, 『복주환의 생각 정리 스피치』도 읽었지만 쉽지 않았다. 강사는 글을 쓰는 작가가 아니라 1인 출판사를 운영하는 편집자라고 소개했다. 유명 재테크 전문가들의 책을 출판한 잇콘 출판사 대표라 더 관심이 생겼다. 글 쓰는 요령에 대한 강의 내용을 간단히 줄여보면 다음과 같다.

① 팔린다는 것은 읽힌다는 의미다.

② 글쓰기로 돈을 벌겠다 생각하지 말고, 기회를 벌겠다고 생각한다. 나를 알리는 것이 먼저다. 온라인에서 먼저 활동을 시작한다. 책을 쓰고 싶다면 블로그를 시작한다.

③ 모바일에서 읽히기 쉽게 작성한다.

④ 좋은 글을 쓰기 위해 반드시 알아야 할 3가지

– 누구에게 팔 것인가? 타깃은 어떤 생각을 하고 있는가? 타깃은 무엇이 필요한가?

⑤ 블로그에 적합한 글쓰기

– 짧게 쓴다. 하나의 주제만 쓴다. 이미지를 넣는다. 꾸준히 쓴다. 블로거는 가독성!

⑥ 인생은 한 권의 책이다.

1회 특강이었지만 마지막에 강의 과제가 있었다. 가능하면 꾸준히 100일 동안 블로그를 해보라는 것. 블로그를 시작하기 전 네이버 블로거를 활용했던 건 맛집 검색이나 쇼핑 후기가 전부였다. 머리를 한 대 맞은 느낌이 들었다. 마침 아침마다 읽던 평단지기 독서법의 결과물을 그동안 재테크 카페에만 올리고 있었다. 왜 블로그 할 생각은 못 했을까 하는 생각이 들었다. 블로그에 100일간 꾸준히 올려보지 뭐. 뭐가 달라지나 한 번 행동으로 옮겨보기로 했다. 책을 읽든, 강의를 듣든 시키는 대로 해보고 지속할지는 다음에 결정하는 게 내 원칙이다. '좋아, 한번 해보자!'

백만장자 메신저가 되기로 했다

책을 쓰는 오늘 아침('22. 2. 22)에도 블로그에 글을 남겼다. 블로그를 시작한 지 1,277일 차가 된 날이다. 강의 한 번 듣고, 2018년 블로그를 시작했다. 그 후 매일 책을 읽고 매일 깨달은 점을 기록하고, 매일 적용할 것 한 가지를 기록하는 평단지기 독서법을 블로그에 공유한다. 하나씩 내 것으로 만든다. 가장 먼저 '네이버 블로그' 앱을 설치한 일이었다. 그동안 재테크 공부하면서 유명한 강사들의 블로그를 찾아 이웃 추가하고 알림 설정도 했다. 블로그 앱을 설치했더니 블로그 이웃이 쓴 글은 이웃 새 글 탭에서 모아보는 기능이 있었다. 혹시나 내가 올린 글도 읽은 사람이 있을까 싶어 블로거 앱을 자주 들여다보곤 했다. 이웃 새 글에 좋은 글이 하나씩 피드된다. 그러던 어느 날 갑자기 내 글에도 공감 버튼 불이 들어왔다. 가끔 이렇게 댓글을 남겨주는 사람들이 생긴다. 인간의 심리란 좋아요! 하트 하나, 소중한 댓글 하나에 기운이 솟는다. 사회관계망 서비스를 하는 사람들의 심정이 이해된다.

몇 달이 흘렀다. 2019년 2월 읽은 『백만장자 메신저』에 "나의 경험이 돈이 되는 순간이 온다."라고 나온다. 이 책을 읽고 정리해본 결과 '평단지기 독서법, 그리고 강남4구 지역 소식'을 전하는 메신저가 되기로 했다. 내가 살아 있음을 알리기 위해 블로그를 지금도 운영하는 중이다.

5년째다. 매일 책을 읽고, 매일 깨달은 점과 적용할 점들을 기록하는 평단지기 독서법을 아직도 실천하고 있다. 하루도 빠짐없이 매일. 이탈리아 여행을 간 날에도, 엄마가 병원에 실려 간 날에도, 출장을 간 날에도, 일요일 아침 늦잠을 자고 일어난 날에도, 평단지기 독서를 했다. 가장 먼저 책을 읽고, 오늘 생각을 블로그에 남겼다. 처음 1년 동안 지역 분석 서포터즈 활동 결과를 블로그에 올렸다. 2년 차에는 매일 강남4구 지역 소식을 정리하기 위해 네이버 경제 신문지를 1페이지부터 기사가 많은 날은 30페이지에 이르기까지 하나씩 눌러보면서 기사를 선정하여 정리 글을 남겼다. 목표를 세웠기에 1년은 해보겠다는 의지가 있었을 뿐이었다. 오른쪽 어깨가 아파 파스를 붙이는 경우도 생겼다. 3년 차부터 뉴스다이어트를 시작했고, 지역 소식 정리는 일주일에 한 번 정리하는 것으로 바꾸었다. 네이버 블로그는 특성상 1년 전 내 글을 피드해준다. 1년 전 매일 기록해둔 나의 글을 통해 내가 과거에 어떤 생각을 했었는지, 어떤 지역 소식이 있었는지 다시 생각해볼 수도 있는 장점이 있다.

삶은 누군가와 교류를 통해 성장하고 발전한다

블로그 시작 후 몇 달이 지났다. 2019년, 네이버 검색창에서 궁금한 기사를 검색하다가 블로그 하나를 발견했다. 이전 재테크 카페에서 꾸준히 글을 남기던 H의 글 구성이랑 비슷했다. '혹시 내가 알던 그 사람일까?' 하는 마음으로 블로그 글을 몇 개 더 읽었다. 맞다. 재테크 공부를 함께 시작했다가 카페에서 사라진 H의 글이 맞았다. 재테크 카페에서 더 이상 활동하지 않아서, 더 이상 투자하지 않는 줄 알았다. 그런데 다른 세상인 블로그에 꾸준하게 기사를 정리해서 남기고 있었던 거였다. 헤어졌던 이산가족을 찾은 기분이 드는 것 같았다. 블로그 글에 공감 버튼과 댓글을 남겼다. 얼마 후 내 블로그에도 이웃 추가되었다는 알람이 떴다. 나만 일방적으로 알던 유명인이 아닌 오프라인에서 만난 적 있던 지인을 온라인에서 만나게 된 것이다. 꾸준히 남겨준 그의 글은 스스로 공부를 이렇게 할 수 있다는 자극제가 되었고, 10년 전의 경제 기사를 찾아보고 공부하여 남겨준 글들은 과거에도 유사한 사건들이 있었다는 사실을 알게 해주었다. 오늘도 여전히 H는 매일 글을 포스팅하여 공유했다. 물론 나도 매일 글을 남긴다. 잘 살아가고 있다고 알려주는 생존 신고처럼 느껴진다. 2022년 3월, 그의 책이 출간되었다. 블로그는 살아 있음을 표현하는 생명 같은 존재였다. 좋아하는 블로거의 이웃 추가를 시작으로 공감 버튼과 댓글을 단 사람을 좀 더 찾았다. 익숙한 닉네임들이다. 재테크 카페를 떠나 혼자 공부하고 있는 사람들이 많았다. 그제야 알았다. 스스로 블로그를 구축하여 독립한 사람들. 블로그를 시작하기 전까지 몰랐다. 한 사람씩 찾아가 이웃으로 추가했다. 오프라인에서 겨우 한두 번 정도 만난 정도였지만 온라인에서 좀 더 가까워지는 느낌이 들었다.

어제도, 오늘도, 내일도 내 블로그 '평단지기' 카테고리에 여전히 나도 살아 있음을 알린다. 블로그는 내게 있어 생명과도 같다. 세 가지 이유에서다.

첫째, 나를 알릴 수 있기 때문이다. 내 생각과 의견, 철학, 가치관, 일상 등의 이야기를 마음껏 펼쳐 놓을 수 있다. 소중한 공간이다. 둘째, 매일 타인과 공감하고 소통할 수 있기 때문이다. 혼자 있는 시간도 의미 있지만, 삶은 누군가와 교류를 통해 성장하고 발전한다는 사실을 부정할 수 없다. 오늘도 배우고 깨달은 것을 포스팅해주는 이웃들의 새 글은 나를 한 걸음 성장시킨다. 셋째, 멈출 수 있기 때문이다.

과거 매 순간 전력 질주하면서 살았다. 돈과 성공, 그럴듯한 삶을 위해 모든 걸 바치면서 살았다고 해도 과언이 아니다. 평단지기 독서법으로 시작한 블로그를 열면서 새로운 세상과 연결되기 시작했다. 블로그는 나의 하루를 시작한다는 의미에서 하루의 목표를 세우는 계획표와 같았고, 어제를 되돌아보는 의미에서 일기와도 같았고, 다른 사람과 공유한다는 점에서 교류와 소통과도 같았으며, 내 감정을 짚어본다는 차원에서 치유와도 같았다. 적어도 블로그를 하는 동안, 나는 쉬면서 생각하며 멈출 수 있었다. 블로그를 시작하지 않았더라면, 생각만 해도 끔찍하다. 온라인 세상과 단절되어 이전의 삶으로 돌아갔을지도 모른다. 지금의 블로그는 '내가 정말로 누구인가'에 대한 답을 찾게 해준 매개체이다. 블로그 활동은 내 끈기 에너지를 충전시켜주는 영양제와도 같다.

3

내가 먼저 시작하라

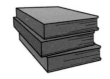

우리 만날까요?

같은 팀 선배와 함께 대전으로 교육받으러 가기 위해 새벽에 출발했
다. 당일치기로 지방을 다녀왔더니, 서울로 들어오는 하남IC를 통과할
무렵 벌써 해가 뉘엿뉘엿 지는 중이다. 나랑 선배는 둘 다 지방 출신에
솔로였다. 각자 집에 가서 밥을 차려 먹기 애매한 시간이었다. "저녁 먹
고 갈래요?" 선배가 먼저 말을 꺼냈다. 나는 냉큼 "좋아요."라고 했다.
"어디 갈까요?" 선배가 물어본다. 마침 고속도로 톨게이트 나오자마자
두부집이 보였다. 평소 먹어보고 싶었던 곳이라 내가 장소를 이야기했더

니, 선배는 살짝 머뭇거리다가 알았다고 한다. 오늘 운전은 내가 했다. 오늘따라 옆에 탄 선배는 계속 뭔가 불안해 보이는 것 같았다. '무슨 일이 있나?' 싶어 물어보고 싶었지만, 그냥 참았다. 그냥 아무 일 없던 것처럼 낮에 들은 소프트웨어 개발 지원 도구에 관한 이야기만 하면서 말이다. 음식을 다 먹은 후 계산하고 나오려는 찰나, 자리에서 일어서는데 선배가 머뭇거리며 말을 꺼낸다. "평소 관심이 있었어요. 우리 만날까요?" "네…?"

대학원 졸업하고 회사에 입사한 지 3년 차, 이제 결혼에 관심을 가져볼까 생각했던 무렵이다. 지방 출장을 함께 다녀오던 그날. 회사 선배가 갑자기 말을 건넸다. 갑작스러워 놀랐지만, 그러자고 했다. 그렇게 선배와 3년 정도 사내 커플로 지냈다. 물론 회사에는 비밀이었다. 퇴근 후, 주말이면 집 근처에서 만났다. 사무실에서는 그냥 직장 선후배 관계 그대로였다. 회사에서도 그냥 선배님하고 부르다 보니, 결혼 후에도 계속 호칭이 어색했지만, 우리 둘은 완벽한 연기(?)를 했다. 아니, 우리는 일과 삶을 냉철하게 분리하고 있었다. 결혼 청첩장을 돌릴 때까지도. 같은 프로젝트를 하던 다른 동료조차 눈치 채지 못할 정도였으니 말이다. 평소에도 사무적인 우리는, 남편이 먼저 나에게 손 내민 덕분에 2022년 우리는 12년 차 부부다.

공감과 소통을 시도하다

온라인 동료를 만들고 싶어 카페 활동에 집중한 적이 있다. 스터디 회원이 되기 위해서 카페 활동이 필수여서 하루 10~20명 정도의 회원들에게 댓글을 달아보기로 했다. 남과 다르게 하고 싶었다. 카페 출근 도장을 찍기 위해 아침에 읽던 평단지기 독서의 오늘 문장을 공유하기 시작했다. 내가 남기는 글 바로 이전에 남겨진 게시글에 댓글을 달았다. 오늘 문장과 함께 '새로운 아침'임을 알렸다. 다른 이의 삶에 공감하게 됐다. 내가 남긴 댓글의 주인공은 대댓글로 나에게 보답해주었다. 오늘 문장을 남긴 내 글에도 하나씩 공감 버튼과 응원의 댓글을 남겨졌다. 재테크에 몰입하여 앞만 보고 달리다가 잠시 멈춰서 타인의 감사일기를 읽거나 출근 인사, 댓글로 소통을 시작했다. 그랬더니 오히려 내 자존감이 더 높아졌다. 타인의 감사일기를 읽었더니 오히려 나에게 감사한 마음이 저절로 생겼다. 얼굴도 모르는 분들과 온라인 공간에서 충분히 서로 교감하고 소통할 수 있었다. 좋은 일은 서로 축하해주니 더 기뻤다. 온라인이든 오프라인이든 커뮤니티에서는 활동 없이 항상 수동적이었다. 처음 먼저 시도한 댓글 활동으로 얻는 게 더 많다는 걸 그제야 깨달았다. 블로그도 마찬가지다. 블로그 이웃으로 추가된 분들의 블로그를 방문하여 공감과 소통을 하기 시작했다. 그러다가 마음 맞는 분들이 생기면 오프라인 만남까지 확장되는 경우도 종종 생겨난다. 한 번의 공감이 아니라 여러 번, 자주 꾸준히 방문하여 공감과 소통을 시도하다 보면, 그 무언가 끈끈

한 정 같은 게 생긴다고 할까. 온라인에서 시도했던 소통은 오프라인으로 확장하거나, 반대로 오프라인에서 만났던 소통에서 온라인으로 확장되기도 한다.

어떤 분야든 성공을 위해서는 내가 먼저 용기를 내어 다가가는 것이 필요하다. 『노이즈』에 따르면, 사람들은 서로서로 영향을 주고받는다고 한다. 장사하는 사장님이라면, 일단 고객에게 먼저 서비스를 먼저 제공하고, 고객부터 우선 늘려야 한다. 이후 입소문이 퍼지면서 점점 손님이 늘어난다. 직장 내 실험실이 지저분하고 청소가 되어 있지 않을 때도 먼저 청소를 시작하니, 다른 누군가가 도와주거나, 더 이상 더럽혀지지 않았다. 회의가 끝나고 책상 정리와 의자 정리, 회의실 마무리를 먼저 시작하면, 회의 참석자들도 함께 정리를 도와주었다. 단지 내가 먼저 시작했을 뿐이다. 초기에 누가 시작하느냐에 좌우되는 경향이 많다. 혼자 일할 때보다 몇십 명이 도와주는 사람은 당해 내기 어렵다. 내가 먼저 손 내밀어 도움을 구한다면, 혼자 하는 것보다 훨씬 일이 쉬워진다. 내가 먼저 시도하고 다가갈 때 가능한 일이다. 혼자 달리지 말고, 옆에 있는 친구와 가족들과 보조를 맞춰 가보자.

먼저 보여 주면 된다

결혼 초, 나는 1년에 소설 한두 권 정도 읽는 게 전부였다. 925페이지

『스티브 잡스』책을 읽는 남편의 뒷모습을 바라만 보았던 내가 이제 더 많은 책을 읽고 있다. 책을 읽히고 싶은 사람이 있으면 내가 먼저 책을 펴면 된다. 굳이 아이들에게 책 읽어라, 책 많이 읽으라고 잔소리할 필요가 전혀 없다. 그냥 책상에 앉아 꾸준히 책 읽는 내 모습만 보여 주면 충분했다.

상대방에게 어떤 방법을 제안하기보다 먼저 공감하고, 먼저 행동을 바꾸며 시도하는 게 먼저다. 공감하고 먼저 보여 주면 된다. 그게 끝이다. 그걸로 충분히 다른 이들에게는 큰 자극이 된다. 좋은 친구를 얻고 싶어서 먼저 좋은 친구가 된다. 블로그 이웃을 늘리고 싶어서 먼저 블로그 이웃으로 다가간다. 책을 읽고 후기를 남기니 저자가 블로그, 인스타그램에 찾아오기도 한다. 평단지기 독서법으로 며칠 동안 『세상에서 가장 발

칙한 성공법칙』을 인스타그램에서 공유했더니 미국 최고의 인플루언서 저자인 에릭 바커가 해시태그를 통해 내 글에 찾아와 완독하는 날까지 매일 공감 버튼을 눌러주었다. 평단지기 독서 경제 공부를 시작하기로 마음먹었더니, 남편도 생활경제에 익숙해진다. 회사 동료에게도 먼저 도움을 주니, 부탁하는 게 쉬워진다. 가끔 실수해도 그냥 웃고 넘어간다. 먼저 시도하기 전에는 회사 일도 각개전투였는데 말이다.

성공을 시작하는 가장 쉬운 방법은 먼저 시도하고, 구하는 것이다. 매일 새로운 아침을 맞이하듯, 매일 새롭게 시작한다. 매일 새로운 결말을 만난다. 결단코 포기하지만 않는다면, 우리는 얼마든지 새로운 아침을 맞이할 수 있다. 그리고 다시 성공을 위한 한 걸음을 시작한다. 먼저 시작하는 사람만이 자신이 원하는 성공을 먼저 얻는다.

4

단 하나의 시작, 큰 결과를 만든다

또 하루가 쌓인다

익숙하지 않은 습관을 평생 꾸준하게 만들어가는 건 나도 처음엔 어렵다고 생각했다. '나는 못 해!', '나는 안 돼!'라는 자의식도 한몫 단단히 한다. 지금의 나를 100% 바꾸려면 큰 결심이 필요하다고 생각했기 때문이다. 그러다 보니 아예 처음부터 시도할 생각조차 하지 않았던 적도 있다. 어렵다고만 생각하지 말고, 지금에서 단지 1% 정도만 방향을 바꾼다고 생각하면 어떨까. 조그만 변화의 시작이 어쩌면 큰 변화의 방향을 바꾼다. 딱 하나만 바꾸는 것이다. 분명하게, 매력적이게, 쉽게, 만족스럽게 습관을 만들어야 한다고 『아주 작은 습관의 힘』에서도 주장한다.

재테크 공부를 시작하겠다는 마음을 먹었더니, 우선 조급함부터 몰려온다. '아, 왜 이렇게 늦게 알았을까? 조금만 빨리 시작할걸….', '누가 좀 미리 알려 줬더라면….' 하는 아쉬움이 있었다. 뭐부터 해야 하나 걱정이 앞서기도 했다. 재테크 강의가 끝나고 뒤풀이 모임에 참석했다. 강사에게 한 명씩 질문할 기회도 생겼다. 어떻게 경제 신문에서 인사이트를 얻을 수 있는지 물었다. 대답은 그냥 꾸준히 읽어보라는 거였다. 처음엔 답변이 답답했지만, 그냥 해보기로 했다. 지금까지 경제 신문을 구독 중이다. 매일 기사를 읽는다. 매일 책을 읽는다. 그게 전부라는 걸 직접 해보니 알게 되었다. 그걸 중단하지 않는 게 중요하다. 지금까지 지속하는 것. 하루가 쌓인다. 또 하루가 쌓인다. 작은 하루가 모인 결과였다. 조급할 필요가 없다는 걸 이제야 조금 알게 되었다. 투자해야 하는 시간? 꽤 남았다. 가족과 부모님과 함께하는 시간? 점점 짧아지고 있다. 하나의 성공을 위해서는 한두 달 만에 공부를 끝낼 수 있는 것이 아니다. 조금 여유를 가지고 생각해볼 문제다. 재미없이 일만 하면 번 아웃이 온다. 지치면 아무런 생각 없이 그만두고 싶어진다. 아예 멈추는 상황이 오지 않도록 우리는 아주 조금씩, 유지하는 힘이 필요하다. 아주 작은 행동이 쌓여 결국 큰 성과가 나오는 평단지기 독서법의 경험이라도 한 번 맛보면, 다른 무엇에도 성과를 낼 수 있다는 자신감이 생긴다. 작은 목표를 하나

세워본다. 그리고, 또 다른 목표를 찾아 나선다. 이렇게 작은 성공을 쌓아 만든 진짜 성공이야말로 진짜 성취감이다.

구체적인 작은 목표 하나다

그렇게 평단지기 독서법이 시작되었다. 한 권, 두 권 쌓였다. 평단지기 독서를 통해 읽은 책만 해도 1년이면 12권 이상이 되었다. 내 경우에는 일주일에 한 권 이상 추가로 읽으면 1년에 적어도 60권 이상 책을 읽게 된다. 어느덧 5년의 세월이 흘렀다. 300여 명 이상의 저자들을 책을 통해 만났다. 인스타그램이나 블로그를 보다 보면 물론 나보다 많은 책을 읽은 사람이 상당히 많다는 건 알고 있다. 그렇지만 나만의 작은 목표를 세웠다. 어제도 읽고 배웠고, 오늘도 읽고 배우며, 내일도 읽고 배울 것이다. 나만의 속도로 매일 꾸준히 읽어나가는 평단지기 독서법, 이것이 바로 나의 작은 목표다. 새벽 아침 평단지기 독서법을 통해 나는 매일 생각 연습을 시도한다. 개인적 성향이긴 하지만 따로 시간을 계획해두어야 직성이 풀린다. 오늘 처리할 것을 기록한다. 지인들에게 오늘 포스팅한 글을 공유한다. '자신이 먼저 그 책이 되어야 한다'는 내용을 실천해 가고 싶었다. 책에서 배운 것을 하나씩 적용하기 시작했고, 나쁜 습관은 좋은 습관으로 매일 조금씩 개선해 나가고 있다. 작은 행동에서 시작한 독서가 결국 책 출간이라는 큰 결과를 만들어준 계기가 되어주었다.

전자 서점에서 우연히 제목과 후기에 이끌려 대니얼 카너먼의『생각에 관한 생각』을 평단지기 독서법으로 읽기로 했다. 전자책으로만 읽기 시작해서 책 두께를 모르고 시작했다. 매일 읽기로 했을 뿐이다. 머리말, 결론을 제외하고 38개의 주제로 구성되어 있었다. 매일 하나의 주제를 읽겠다는 작은 목표를 세웠다. 2019년 10월 4일부터 2019년 11월 12일 동안 읽었다. 어느 날 오프라인 서점에서 책 두께를 보고 깜짝 놀랐다. 727 페이지. 책 두께는 가히 벽돌 한 장 두께와 맞먹을 정도로 보였다. '내가 이 책을 다 읽었다고?' 뿌듯했다. 처음으로 두꺼운 책을 읽게 된 계기였다. 그 일이 있고 난 뒤부터는 두꺼운 책은 더 이상 나에게 두껍게 보이지 않았다. 오늘 하루 분량만 읽으면 된다는 생각이 컸다. 레이 달리오의 『PRINCIPLES, 원칙』은 712페이지. 토니 로빈스의『네 안에 잠든 거인을 깨워라』799페이지. 벽돌 책. 벽돌 한 장 깨는 기분으로 하나씩 파고들었다. 700페이지, 800페이지, 900페이지짜리를 제대로 읽는 방법이 바로 매일 평단지기 독서법으로 읽는 것이다. 어느 순간 마지막 페이지를 덮는 날이 온다. 평단지기 독서법이라면 두 달 정도면 벽돌 책 한 권을 완독하기에 충분한 시간이다. 두껍다고 지레 포기하지 말았으면 좋겠다. 아무나 읽어볼 엄두가 나지 않는 책 중에 성공을 위한 방법이 꽤 많다. 남들이 많이 읽지 않는 책을 읽는다는 건 그만큼 성공하는 방법을 남보다 많이 알아간다는 의미다. 단숨에 한 권을 읽어보겠다고 시작하면 쉽게 지쳐 포기하기 쉽다. 단지 오늘 몇 페이지만 읽겠다는 마음으로 책을 읽는 것이면 충분하다. 벽돌 책 한 권을 성공한 경험을 갖게 되면 다른 벽돌 책이 더 이상 두렵지 않다. 두꺼운 책도 가볍게 시작하게 된다. 작은 목표 하나를 세우고, 그것만은 꼭 매일 해보자. 시도하고 경험해본 사람들만이 아는 맛을 느낄 수 있기를 바란다.

미래를 바꾸기 위해서 큰 목표를 세우고 처음엔 어떻게 시작할지 고민만 하느라 시간을 낭비했다. 번 아웃 되어 모든 걸 포기하지 말자. 구체적인 작은 목표 하나다. 시도하고 시작하는 것이 관건이다. 슬쩍 한 걸음을 다른 발 앞에 놓자. 반대쪽도 한 걸음 또 내디뎌 본다. 잠시 주변도 살펴본다. 여유를 만들고 생각한다. 씨앗 하나가 큰 수확을 만든다. 구체적인 작은 목표 하나, 오늘 하루, 오늘 처리할 행동 하나를 정한다. 그리고 실천하는 행동으로 옮긴다. 해낼 수 있는 단 하나를 정하는 것, 바로 이것이 성장의 시작이다.

5

나도 전문가다

아무것도 할 줄 아는 게 없어요

통계청에 따르면 한국의 인구수는 21년 12월 기준 5,182만 1,669명이다. 그중에서 전문가는 얼마나 될까? 각자 자신의 강점을 찾아 전문 분야를 정하고 스스로 전문가라고 생각하면 너도 전문가, 나도 전문가가될 수 있다. 운영 중인 네이버 카페의 가입 인사를 남길 때 자신 있는 분야, 배워서 남 주고 싶은 분야를 적게 했다. 보통 사람들에게 물어보면, "나는 아무것도 할 줄 아는 게 없어요.", "글쎄요, 잘하는 게 없는데요."라고 말하는 경우가 많다. 처음엔 나도 그랬다. 그런데 설마 알겠지 싶은 것들을 주변 사람들이 의외로 모르는 경우가 있었다. 이 책을 보고 있는 독자도 분명 '한' 경험해본 전문가일 것이다. 모르고 있을 뿐이다. 평소에 하던 것 중에 잘하는 게 분명히 있다. 함께 찾아보기로 하자.

나는 평단지기 독서법 전문가다.
나는 멘탈 관리 전문가다.
나는 자기 계발 전문가다.
나는 시그널 분석 전문가다.
나는 여유 전문가다.

불과 몇 년 전까지 걱정 없이 직장생활에 몰입하며 살고 있었다. 16년간 한 직장에 근무했다. 집, 회사, 집, 회사만 오갔다. 집에 와서는 TV 보거나 뒹굴뒹굴하다가 잠을 자고 다음 날 일어나 출근했다. 내게는 회사다니는 것만으로도 벅찬 일이었다. 주말에는 늦게까지 늦잠을 자기도 했다. 밀린 집안일을 해야 했으며, 남편과 함께 맛집을 찾아다니는 보통 평범한 사람이었다. 그런데 앞에서 말한 평단지기 독서법 전문가, 멘탈 관리 전문가, 자기 계발 전문가, 시그널 분석 전문가, 여유 전문가가 되기로 했다. 과연 전문가가 될 수 있을까?

나는 평단지기 독서법 전문가다

2017년, 책의 매력에 빠졌다. 한 권을 읽고, 두 권을 읽고, 세 권을 읽었다. 그리고 100권을 읽었다. 1년을 무작정 읽고, 2년째 풍부하게 읽고, 3년째 집중해서 읽고, 4년째 계속 읽고 있지만, 5년 차부터 내려놓고 여유를 찾으며 읽는다. 2017년 4월부터 평단지기 독서법으로 책을 하루에 조금씩 매일 읽어왔다. 어떤 날을 책 한 권을 통째로 읽는 날도 물론 있다. 책에서 배운 내용들은 그냥 덮지 않고 실제 내가 적용해볼 것들은 무엇인지 정리해서 따로 모아 둔다. 그리고 블로그에 정리하여 포스팅한다. 책을 읽고 사람들과 이야기 나누다 보면 과거에 읽었던 내용들이 속속 연상되는 경험이 생긴다. 그럴 때 남겨 둔 글을 검색하여 지인들에게 글을 공유한다.

독서 모임에 참여했을 때는 사람들이 이야기하는 내용 중에서 연상되는 책들이 떠올랐다. 인터넷 카페에서는 해당하는 글 링크를 함께하는 동료의 글에 댓글로 알려드리기도 했다. 이렇게 하루하루 쌓아가다 보니 어느덧 "'책' 하면 바로 '척'인 분이시죠!"라며 블로그 이웃 한 분이 댓글을 남겨주었다. 혼자 평단지기 독서법으로 책을 읽지만 다른 사람들과 나누고 싶어서 매달 평단지기 독서 모임을 운영하고 있다. 매일 조금씩 스며드는 독서를 할 수 있도록 타인의 독서를 돕는 평단지기 독서법 전문가가 되기로 했다.

나는 멘탈 관리 전문가다

평단지기 독서법은 책을 매일 아침에 읽고 '생각 연습'을 한다. 책을 그냥 스르륵 넘겨보지 않고, 꼼꼼히 일정 분량에 관한 내용을 읽고 생각하는 시간을 별도로 갖는다. 생각 연습이다. 생각 연습 없이 넘어간 책들은 사실 머릿속 지우개처럼 잘 기억에 남지 않는 경우가 많았다. 매일 조금씩 책을 읽고 생각연습을 하면, 주식시장이든, 부동산시장이든 조정장이 오더라도 흔들림이 줄었다. 블랙프라이데이 할인 급 주가의 하락 폭이 있었던 날, "당황하지 마라. 투자를 그만두지도 마라."라는 책 글귀를 만났다. 당연히 그날도 투자를 그만두지 않고 매수할 수 있었고, 며칠이 지나 큰 수익을 달성하기도 했다. 평단지기 독서법을 통해 책을 매일 조금씩 읽고, 잠시 멈춰 생각연습을 하니 멘탈 관리 전문가가 된다.

나는 자기 계발 전문가다

대학원 시절부터 PDA폰을 사용했다. 당시에는 핸드폰 기능이 분리되어 있던 PDA폰이었는데, 일정 관리를 그 장치에서 입력하여, 아웃룩으로 관리했다. 벌써 19년 전 이야기다. 중간에 아이폰, 안드로이드 폰이 나오면서 아웃룩 대신 구글 캘린더로 바꿔 일정을 관리하고 있다. 매일, 매주, 매월, 매년 기록을 남기는 중이다. 일일 계획, 주간 계획, 월간 계획, 연간 계획을 세우고, 5년, 10년 계획도 세웠다. 그리고 오늘 하루를 보낸다. 장기 목표를 세웠기에 오늘 하루의 목표는 작은 목표 중 하나다.

조급해하지 않고, 오늘의 작은 목표를 하나 실행한다. 꽉 채운 일정이 아닌 오늘 처리하고 싶은 일 하나 실천하면서, 자기 계발 전문가가 된다.

나는 시그널 분석 전문가다

대학원에서 정보통신과 신호처리(Signal Processing)를 전공했다. 신호처리를 투자에도 활용해볼 수 있겠다 싶었다. 하나씩 쌓은 데이터들은 차곡차곡 모으면 빅데이터가 된다. 빅데이터를 하나씩 들여다보고, 과거부터 현재까지 흐름을 보면 다른 이상징후를 발견하게 된다. 아웃라이어라고 한다. 물론 데이터는 평균이 중요하지만, 그중에서 아웃라이어가 있다면 걸러낸 후 평균을 구한다.

아웃라이어로 인해 평균이 왜곡되는 현상이 생길 수 있기 때문이다. 그래서 신문 기사들이나, 부동산 지표들, 주식 지표들에서도 아웃라이어를 잘 골라내야 한다. 어떤 포인트가 이상징후인지 파악하려면 꾸준히 모니터링을 하면 감이 저절로 생긴다. 특정 시기만 본다면 그 값이 아웃라이어인지, 진짜 데이터인지 구분하기가 어렵지만, 흐름을 지속해서 보면 이상징후가 보이기 시작한다. 전력 질주하는 대신, 어제도, 오늘도, 내일도 관심사에 대해 모니터링을 해보면, 어느 전문가나 고수 못지않게 변동 시기를 알아채는 시그널 분석 전문가가 된다.

나는 여유 전문가다

누구에게나 자신의 강점이 있다. 집안 살림 정리를 잘하는 사람은 정리수납 전문가가 되고, 엄마표 영어를 하는 분들은 엄마표 영어 전문가가 된다. 육아하고 있으면 육아 전문가가 될 수 있고, 요리를 잘하는 사람은 요리 전문가가 된다. 인라인을 잘 타면 인라인 강사가 될 수 있고, 그림에 소질이 있으면 그림작가, 글쓰기에 소질이 있으면 작가가 된다. 주변 사람들에게 조언을 잘해주면 컨설턴트 전문가다. 아직도 아무것도 할 줄 아는 것이 없다고 생각하는 사람이 여전히 있다면, 잘하지 못하는 걸 찾으면 된다. 그리고 그 방법을 몇 권의 책이나 동영상, 강의를 통해 배운다. 즉, 성장 과정을 그대로 보여주며 문제를 해결한다. 한동안 전력질주하며 재테크 공부에 몰입했다. 평단지기 독서를 통해 여유를 찾게 되었다. 나에게 맞는 방식, 여유를 찾고, 행복한 투자를 지속하기로 정했다. 하나둘 주변 사람들도 설득하여 함께 하는 독서 동료들을 만들었다. 이들 모두 자신만의 속도로 행복하기 위한 방법을 찾아 나섰다. 성공하면, 자신만의 전문가가 될 거라고 믿는다. 그렇게 나는 여유 전문가 된다.

지인들이 자주 물어보는 게 있다면, 나도 전문가다

오랫동안 자신을 봐온 지인들이 자주 물어보는 게 있다면 그중에서 찾아봐도 좋다. 자신의 강점을 살리면 전문가가 된다. 충분하다. '이웃/구독자가 알고 싶은 걸 내가 알고 있다면' 그것을 발전시키면 된다. 조카는 대학교에서 방학 동안 영어 공부도 할 겸 외국인 대학생 두 명의 도우미로 자청했다고 한다. 함께 있는데, 한 외국인이 배달 음식 앱 가입이 잘 안 된다며 카카오톡으로 SOS를 요청했다. 다음 학기에도 도우미를 신청할 거라는 이야기를 들었다. 블로그에 한글과 영어로 외국인이 배달 음식 앱 사용하는 방법을 포스팅해보라고 알려 주었다. 반복적인 외국인의 고민에 대해 직접 하나씩 따라 해볼 수 있도록 알려주기에는 블로그가 괜찮아 보였다. 다른 도우미 친구들도 활용할 수 있고, 다른 외국인 친구가 같은 질문을 할 때도 쉽게 공유해줄 수 있도록 글을 작성해보라고 조언해주었다. 다른 질문이 들어오면 그걸 해결해주는 방법도 포스팅해보라고 했다. 기록이 쌓이면 전문가가 된다. 조카가 나의 조언을 받아들여 외국인들에게 도움을 주는 글로 포스팅을 꾸준히 한다면 전문 블로그가 될지도 모른다.

누가 정보의 원천이 되는지가 중요한 세상이다. 그렇게 누구나 전문가가 된다. 브렌든 버처드의 『백만장자 메신저』에 따르면 삶에 대한 의미 있는 조언만으로도 돈을 벌 수 있다고 했다. 이미 타인에게 도움을 주고 있는 분야에 대해 당신이 할 수 있는 일이 무궁무진하다. 자, 딱 여섯 번 자신 있게 큰 소리 내며 읽어보길 바란다.

"나도 전문가다!"

"나도 전문가다!"

"나도 전문가다!"

"나도 전문가다!"

"나도 전문가다!"

"나도 전문가다!"

6
상대방이 나를 좋아하게 만드는 5가지 방법

고마움을 바로 표현하는 사람

평소 고마운 사람이나 고객이 있어도, 지체하지 않고 당장 그 마음을 표현하는 한국인은 많지 않다. 그렇기에 고마움을 바로 표현하는 사람은 조그만 선물 하나로도 큰 영향력을 발휘하는 효과를 얻을 수 있다. 존 룰린의 『선물의 힘』에는 기프톨로지를 만들어 기업을 성공시킨 사례들이 나온다. 선물을 받는 사람이 얼마나 특별하고 소중한 존재인지 알 수 있도록 매개체로 이용한 것이다.

상대방이 나를 좋아하게 만드는 방법을 소개하면 다음과 같다. 5가지

기준으로 선물하는 것이다.

첫째, 상대방이 원하는 걸 직접 물어본다.

맞춤형 선물이다. 원하는 걸 소유했을 때 즐거움은 배가 된다. 가격이 부담된다면 내가 사주고 싶은 선물 품목 중에서 상대가 원하는 것을 골라보라고 하거나, 시리즈로 하나씩 나눠서 선물해도 좋다.

대학생이 된 둘째 조카가 5세였을 때다. 첫째 조카 남효는 어렸을 때는 먹는 걸 좋아했다. 언니 집에 오가며 조카들을 위해 맛있어 보이는 음식을 사 갔다. 첫째 남효에게 이모는 맛있는 것을 사주는 사람으로 각인되어 나를 잘 따랐다. 하지만 둘째 조카 남훈이는 내게 반응이 없었다. 남훈이에게 내가 사주고 싶은 장난감을 사줬지만 그래도 관심이 없다. 곰곰이 생각해보다가, 한번은 직접 물어보기로 했다. "남훈아, 가지고 싶은 거 있어?"라고 물었더니 "응. 소방차."라고 한다. 잘 새겨두었다가 다음에 방문할 때 장난감 소방차를 선물했다. 그 후 남훈이도 이모 바라기로 변했다. 2022년 1월, 해군에 입대한 남훈이는 주말마다 이모에게까지 안부 전화를 걸어준다. 림팩 훈련으로 하와이에 갔을 때도 시차에도 있음에도 불구하고, 이모 생일을 놓치지 않고 "생일 축하해, 이모."라고 전화해주었다. 상대가 평소에 원하는 선물을 해줄 때, 선물의 힘이 느껴진다.

부모님, 형제들이 좋아하는 건 평소에 파악해둔다. 기록해두었다가 하나씩 선물한다. 대신 시댁에 선물하는 건 늘 고민이었다. 어떤 걸 좋아하실지 여전히 어렵기에, 남편에게 물어본다. "이번 설날엔 무슨 선물을 해 드릴까? 생신에는 옷 하나 사드릴까? 어버이날 선물 뭐하지?" 남편 대답은 한결같다. "그냥 현금 드려." 티몬이 700명을 대상으로 2021년 5월 어버이날 드리고 싶은 선물 1위는 현금(64%), 받고 싶은 선물도 현금이라고 발표했다. 소득이 없는 부모님들에게는 현금이 최고였다. 보내드린 용돈이나 현금을 모아두었다가 평소 갖고 싶은 걸 직접 살 수 있게 도와드리면 충분했다.

둘째, 상대가 좋아하는 음식을 기억해 두었다가 선물한다.

선물을 받는 사람의 가족 구성원을 고려하여 상대방의 가족들이 좋아할 만한 음식을 선물하기도 한다. 부동산 거래를 위해서는 공인중개사와 친해야 한다고 배웠다. 친해지면 급매도 종종 소개해준다. 멀리 있는 지역이라면 임대인, 임차인과의 관계를 해결할 때도 많은 도움을 준다. 부동산 소장님에게 마음의 표현을 전하기 위해 기프티콘을 많이 보낸다. 최근에는 비슷한 선물 공세 덕분에 나를 각인시키기가 쉽지 않다. 특히나 투자자들이 많은 단지나 주변에 부동산이 적은 곳은 더욱 그렇다. 거래처 부동산 실장님과 이야기하다가 옥수수를 좋아할 것 같은 느낌이 들었다. 근처 방이시장 쌀가게에서 몇 년 전부터 노부부가 옥수수를 파는데, 5년 넘게 이곳에서만 매년 옥수수를 사 먹을 정도로 자주 찾는 참새 방앗간이다. 부동산에 전세 재계약을 위해 가는 길. 방이시장을 지나가던 길에 마침 방금 삶은 옥수수를 할아버지가 포장 중이셨다. 여기 옥수수는 한번 삶아 나오면 순식간에 동이 나는 곳이다! 일단 내가 먹을 것 5개를 챙기고, 추가로 5개를 더 포장했다. 부동산에 방금 산 따끈따끈한 옥수수를 선물했다. 여자 실장님은 평소 옥수수를 정말 좋아한다고 하면서, 어디서 샀냐고 물어보셨다. 마침 근처 부동산이라 다음에 가보라며 지도를 펼쳐 보여줬다. 일주일 후 한 번 더 부동산에 다시 갈 일이 생겼다. 실장님은 에어프라이어에 버터를 살짝 바른 옥수수를 넣어 데워 먹었다며, 정말 맛있었다고 이야기해주었다. 또 다른 거래처 부동산은 세입자에게 문제가 있거나 요청사항이 있으면 바로바로 업무를 대신 봐준다. 명절이라 감사한 마음을 전하고 싶었다. 그렇게 잘해주시니 남편도 선물을 챙겨주라고 하는 곳이다. 뭘 선물할까 고민하다가 남자 중학생 아들이 있고, 남편은 애들 입맛이라는 이야기가 기억이 났다. 추석 전 실장님에게 빕스 바비큐 폭립 쿠폰을 보내드렸다. 이런 것도 있냐면서 신기하셨고, 맛있게 구워 먹었다고 답변을 보내왔다. 올해는 선물 쿠폰 문자 대신 전화번호를 직접 눌렀다. 소장님이 무슨 일이냐고 놀라워했지만, "복 많이 받으세요." 인사하려고 전화했다고 하니, 이런 전화 처음 받아본다고 고마워했다. 남들은 모두 문자만 보낸다고 하면서 말이다. 남들과 똑같은 선물이 아닌 나를 각인시켜줄 선물이 필요하다.

셋째, 내가 평소 사용해본 것 중에서 마음에 드는 소품들로 고른다.

상대가 돈을 주고 사기에 아까운 것들에서 골라도 좋다. 독서 모임이 있는 날이다. 독서 모임에 참여하는 사람들에게 작은 선물을 준비했다. 북 다트 금속 책갈피다. 한 통에 50~200개가 들어 있는 북 다트는 남편이 소개해준 책갈피다. 무척 마음에 들었다. 평소 책을 읽다가 덮어두면 어디까지 읽었는지 표시하기 어려운데, 책에 손상을 주지 않고 북 다트 2개면 현재 읽는 지점과 오늘 읽기로 목표한 지점을 표시할 수 있었다. 그리고 뭔가 있어 보인다. 읽다가 만 중간 지점을 가리키는 위치에 북 다트 하나를 꽂아두면 된다. 다음에 책을 펼치면, 바로 그 포인트에서 다시 이어서 읽을 수 있다. 평소 책을 볼 때 지난번에 읽다 만 지점이 어디인지 파악하기 어려웠던 적이 있었는데, 책 읽는 사람에겐 유용한 선물이 될 것 같다는 생각이 들었다. 가끔 독서 모임에 참석하면 북 다트를 몇 개씩 선물한다. 독서 모임에 참석한 사람들에게 맞춤형 북 다트 선물이다. 보통의 책갈피와 다르기에 책을 많이 읽는 사람들에게 금속 북 다트는 나를 기억하게 만들어주는 포인트가 될 수 있다. 때로는, 스타벅스 커피 몇 잔 선물 대신 호텔 커피숍에서 커피 한잔 마시며 대화하는 것도 좋은 방법이다. 평소 호텔 커피는 특별한 사람들만 마신다는 의식이 많다. 호텔에서 약속을 잡으면 상대방은 더욱 대접받는 느낌을 받기도 한다. 호텔 커피숍에서 품격 있는 평단지기 독서 모임을 열었더니 참여자들의 만족도가 꽤 높았다. 상대방이 특별하다고 느끼면 된다.

북 다트 금속 책갈피

넷째, 상대방의 입장을 고려하여 선물한다.

고마움을 표시하기 위해 상대방에게 기프티콘 선물을 종종 보낸다. 한 국인의 심리상 쿠폰 한 장만 선물하기엔 금액이 적어 보이고, 다른 사람과 함께 마실 수 있는 스타벅스 커피 두 잔과 조각 케이크 세트 선물을 보내는 경우가 있다. 받는 사람 관점에서 입장을 고려해본다. 커피 세트 쿠폰을 받으면, 혼자 커피 마시고 싶을 때 사용하기가 곤란하다. 그래서 요즘은 커피 1잔 쿠폰을 두 장씩 보낸다. 선물 받은 사람이 처음에는 의 아해하며 되묻는다. 세트 쿠폰을 선물하면 무조건 다른 사람들과 함께 가야만 사용할 수 있는데 반해, 추가금을 내더라도 혼자 사용할 수 있다. 이유를 듣고 나면 선물 받은 사람들이 더 좋아했다.

다섯째, 상대방이 전혀 예상하지 못한 날에 선물한다.

늘 정해진 어버이날, 생일, 기념일 대신 특별하지 않은 날에 선물하는 것이다. 가능하면 평소에도 자주 사용할 수 있고 오래 지속되는 것을 준비한다. 김승호 회장의 인스타그램에 왕타 칫솔이 올라왔다. 한 번 사서 써보니 개인적으로도 만족했다. 부모님에게도 몇 개를 보내드렸다. 평소 칫솔을 사용하실 때마다 나를 떠올리시지 않을까?

내가 할 수 있는 최선이 어디까지인가?

기대하지 못했던 선물을 받은 사람은 만족도가 점점 높아진다. 기프톨로지를 알게 된 후부터 '내가 할 수 있는 최선이 어디까지인가?'를 고민한다. 가장 평범하지 않은, 한정된 금액으로 상품군 중에서 가장 최고의 선물을 고른다. 새로운 방향으로 바라보면 새로운 선물을 발견한다. 소중한 관계를 위한 작은 선물 준비는 나중에 다가올 큰 문제에 대응하는 데 큰 도움이 되기도 한다. 칭찬은 고래도 춤추게 하듯이 선물은 상대방을 특별하게 만든다. 내가 특별하다는 감정을 느꼈다면, 상대방에 대한 나의 감정은 과연 어떨까.

7

원하는 것을 언제나 얻을 수 있다

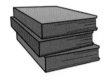

호화로운 가게에서 협상을 시도하라

직장 선배 언니가 백화점 할인판매 기간이라 구두를 맞추러 간다고 하

길래 따라나섰다. 평소 발이 작아서 대부분 신발을 맞춤형으로 주문해서

신는 선배다. 나도 발이 작은 편이라 마음에 드는 신발을 골라 신기 어려

웠기에, 신발을 맞추는 방법이 궁금해서 같이 가기로 했다. 선배 언니와

여러 매장을 들러 신발을 신어보고 마음에 드는 것을 선택했다. 신발 크

기가 당연히 크니 맞춤형으로 하겠다고 요청했다. 발 크기를 측정했다.

굽 높이도 5cm로 정했다. 앞굽도 높여달라고 했다. 선배 언니에게 딱 맞는 맞춤형이다. 이제 계산만 하면 된다. "직원 가격으로 할인해주실 거죠?"라고 선배 언니가 이야기한다. '어머!' 속으로 깜짝 놀랐다. '백화점에서 깎아달라고?' 상상을 못 한 요청이다. 백화점은 정찰제라고 알고 있다. 보통은 직원이 요구한 가격을 그대로 내야 한다고 알고 있었다. 처음에는 어렵다고 하던 매장 직원은 선배 언니가 자주 매장에서 신발을 사는 고객이라는 것을 눈치 챘다. 해당 직원은 할인된 가격임에도 직원 가격으로 추가 할인을 더 해주었다. 선배 언니는 거기에 백화점 상품권으로 구매했다. 선물 받은 상품권이었지만, 보통 백화점 상품권은 정가 대비 더 할인된 가격으로 지하철역 인근 상품권 거래소에서 거래되기도 한다. 구두 값으로 결제한 전체 비용은 정가 대비 55% 가격이었다. 그날의 충격을 잊을 수 없다. 백화점 매장에서 할인가를 요구하여 할인 가격에 결제하는 언니를 다시 보았다.

『어떻게 원하는 것을 얻는가』에 나온 호화로운 가게에서 협상을 시도하라는 글이 생각났다. 몇 달 후, 학교 선배의 아기 돌 선물을 사러 백화점을 재방문했다. 선배 언니가 구두를 살 때 할인받던 기억이 났다. 한번 시도해보기로 했다. "직원 가격으로 할인해주시나요?" 하고 슬쩍 물어봤더니 백화점 직원은 바로 "네, 해드릴게요." 하는 게 아닌가. 바로 10% 할인해주었다. 그 매장은 그때 처음 방문한 매장이다. '나도 되는구나!' 보통 5% 정도는 카드 할인 혜택으로 할인가로 청구 할인을 받기도 하지만,

그날 결국엔 10% 할인가에 선물을 샀다. 그냥 말 한마디 했을 뿐인데 말이다. 결국 할인 가격으로 물건을 사겠다는 목표를 설정하니 할인 가격으로 살 수 있었다. 재래시장에서는 깎지 말고, 백화점에서 한번 협상을 시도해보길 바란다.

소소한 대화를 통해 쌓은 인간관계가 중요하다

인테리어할 때 붙박이장을 온라인 주방 브랜드 H 사이트에서 예약한 적이 있다. 온라인 몰에서 투입된 직원이 견적을 내러 집에 방문했다. 한쪽 벽면의 치수를 재었다. 주문한 상품과 신청한 제품보다 넓었다. "여긴 설치가 불가능합니다. 이거 취소하시고, 새로 주문하세요."라는 말을 남기고는 그냥 쓱 나가버린다. 마침 같은 브랜드 오프라인 매장에서 나와서 싱크대를 설치하는 중이었다. "휴, 어쩌지…." 하며 망연자실하는 나를 보더니 싱크대 사장님이 한마디 조언해준다. "이 아파트 다른 집은 같은 상품으로 설치했어요. 옆 공간을 조금 조절해서 사용한 적 있어요." 온라인 담당자는 정해진 규격에 맞는 것만 확인하고 가는 데 반해 오프라인에서 만난 분은 유동적으로 조치해주었다. 급하게 측정 기사에게 전화해서 다시 불렀다. 해당 물건은 취소하고 다른 규격으로 주문해야 했다. 마침 붙박이장을 살 때 한정 쿠폰으로 저렴한 가격에 구매했던 상품이다. 취소하면 쿠폰 적용이 불가능하여 더 비싼 가격에 사야 한다. 약 10% 이상 가격이 비싸진다. 그때 다시 싱크대 사장님이 도움을 주셨다.

상담원에게 전화해서 상황을 설명하면 쿠폰 재발급을 해줄 거라며 팁을 주셨다. 고객센터에 전화했다. 전화해서 상담원에게 자초지종을 설명했다. 한정 판매 기간이 지났음에도 같은 쿠폰을 계정에 다시 넣어주었다. 안 되는 것, 없었다. 평소 같으면 처음부터 시도조차 안 했을 거다. 원하는 걸 이야기하니, 해결책이 따라왔다. 싱크대 사장님에게 소소한 대화를 통해 쌓은 인간관계가 중요함을 배웠다. 인간관계는 평소 주변 사람들과 잘 유지해 두는 편이 좋다. 긴급한 경우에 필요한 도움을 받을 수 있는 보험 같은 존재다.

상대방이 유리한 상황을 최우선으로 찾는다

몇 년 전 미국 애너하임 디즈니랜드 근처로 4주간 업무차 해외 출장을 갔다. 여자 두 명, 남자 두 명. 여자 두 명은 서둘러 미리 방을 알아봤다. 4주간 머무를 수 있는 호텔 방을 예약했다. 남자 직원들은 조금 늦게 알아보더니 2주 기간만 예약할 수 있었다. 가서 연장해보자는 마음으로 미국으로 떠났다. 남자 직원들은 10일 차가 되었을 무렵에서야 호텔 측에 2주간의 숙박 연장을 시도했다. 그런데 미국 연휴 기간과 겹치는 바람에 호텔 숙박비가 우리가 예약했던 가격의 2~3배 이상 비싸졌다. 성수기였다. 남자들은 오른 가격에는 호텔 연장을 못 하겠다며, 다른 숙소로 이동하겠다고 했다. 같은 숙소로 옮기려면 4주 동안 예약해둔 우리의 남은 2주 기간에 대한 취소가 필요했다. 일단은 같은 호텔로 4명이 옮겨가기로 정했다. 호텔 측에 예약한 4주짜리 중 남은 2주는 취소해 달라고 했다. 그러자 호텔 측은 다시 반대 의사를 표명했다. 호텔에서는 2주 동안 머물렀던 기존 비용을 적용할 수 없다는 이유다. 이해할 수 없었다. 돌이켜 생각해 보면 4주 장기 할인 가격이므로 2주간 머무른 가격은 장기 할인 적용이 어렵다는 얘기였다. 나랑 동료는 협상에 실패하고 좌절하고 있었다. 그냥 4주간 여기에 남아야 한다고 하며 포기하려고 했다. 옆에서 가만히 지켜보던 남자 선배가 그제야 앞으로 나선다. "지금은 성수기야. 우리가 예약한 방 2주짜리를 지금 취소하면 남은 2주에 대해 호텔 측은 2~3배 더 비싼 비용으로 손님을 더 받을 수 있잖아. 그냥 취소해주면, 새로운 손님을 받는 것이 호텔에 더 이익이야."라고 협상을 시도했다. 옆에서 들어보니 타당했다. 정말 이런 게 책에서 읽었던 윈-윈 협상이었다. 호텔 매니저는 선배의 이야기를 듣고는 옆 동료와 한참 이야기를 나누더니 우리의 요구를 들어주었다. 성공이다. 호텔 측에서는 방을 취소하고 새로운 사람을 예약받으면, 우리가 4주 동안 있는 비용보다 더 높은 수익을 받는다는 걸 이해했는지, 우리는 기존 2주 동안 머물렀던 객단가 비용만 지불하고, 남은 2주는 추가 인상분 없이 숙소를 취소할 수 있었다. 나에게 협상이란 이런 것이었다. 현장에서 깨달은 선배의 협상 능력은 잊지 못할 경험이다.

  몇 번의 경험은 내게 안 되는 것은 없다는 인식을 심어주었다. 강의실 앞자리에 앉은 큰 덩치의 사람으로 인해 강의 내내 툴툴거릴 필요도 없이 의자를 살짝 옆으로 옮겨 앉으면 되었다. 목표가 무엇인지, 상대방이 누구인지 파악하면 방법 찾는 게 쉬워진다. 할 수 있다. 시도해볼 가치가 있다. 원하는 것이 생긴다면 잠시 멈춰 생각하고, 상대방이 유리한 상황을 최우선으로 찾는다. 무엇인가를 얻을 수 있는 능력은 요구하는 사람이 얻는다.

8

덧셈의 시간, 자유로운 시간의 복리

모두 종이에 적는다

'새로운 책, 개정판, 옛날에 읽은 책. 읽어야 하는데….' 책상 위 모니터 앞 좌우로 책이 6권이 쌓여 있다. 모니터 한쪽에는 후기를 정리하려고 몇 주 전에 읽은 책도 남아 있다. 오늘 읽고 기록할 수 있는 책보다 새 책이 출간되어 서점에 전시되는 속도가 더 빠르다. 시간은 여전히 부족하다. 무엇부터 읽을지 고민하느라 시간만 훌쩍 흐른다. 불안하고, 조급하면 책도 눈에 잘 들어오지 않는다.

이것 하려니 다른 것이 문득 떠오르고, 다른 걸 다시 해볼까 하는 마음은 참 쉽게 사라지지 않는다. 아무리 우선순위를 먼저 생각해보지만, 다시 문득 조금 전 하다가 남겨둔 일이 떠오른다. 우선순위 없이 시작하다 보면 무작정 일이 다시 쌓인다. 이때가 바로 쉬어야 하는 타이밍이다. 생각을 멈춘다. 메모지 한 장을 꺼낸다. 가장 좋아하는 펜을 들었다. 머릿속에서 나를 불안하게 만든 것들을 생각나는 대로 모두 종이에 적는다. 지금 해야 하는 일, 걱정되는 일들. 적다 보면 다른 게 또 생각나는데, 그것도 일단 적는다. 일을 다 끝내려면 얼마의 시간이 필요한지 옆에 적어본다. 생필품 쇼핑, 계좌이체, 전화, 독서 후기, 친정과 시댁에 전화하기, 일일 지표 확인, 신문 읽기, 부동산 시세 확인, 책 읽기, 블로그 포스팅, 동료가 남겨준 글 챙겨보기, 홈택스 신고하기 등. 이제 더 이상 떠오르는 것이 없다. 적어둔 내용을 이제 다시 들여다본다. 번호를 매겨야 한다. 가장 중요하고 우선순위가 높은 것, 빨리 끝낸 후 지울 수 있는 것부터 번호를 붙인다. 1, 2, 3…. 그리고 1번만 집중한다. 눈에 보이는 곳에 올려두고 일을 시작한다. 1번부터다. 다른 것은 잠시 머릿속에서 지운다. 1번 하나를 끝낸다는 마음가짐으로 1번 목록을 시작했다. 이렇게 잠시 생각을 멈추고, 할 일의 순서를 정하면 머릿속을 떠다니던 복잡한 일이 하나씩 끝이 보이기 시작한다. 쌀 구매와 생필품 쇼핑은 화장실 갔을 때 얼른 주문했다. 더욱 빠르게 체계적으로 일이 마무리된다. 읽고 싶은 책들도 달력에 기간을 포함하여 물리적인 시간을 배치하여 입력한다. 내 경우는 일주일에 한 권 정도 책을 나눠서 읽고, 매일 아침 평단지기 독서법으로는 약 10~20분 정도 읽는다. 무엇이든 물리적인 시간에 대한 고려가 필요하다. 내가 할 수 있는 시간에는 한계가 있기 마련이다. 필요한 시간을 인정해야 한다.

멀티플레이가 가능한 사람도 당연히 있다

지방으로 혼자 차를 타고 출장을 다녀올 때는 졸음 방지용으로 전자 서점에서 읽을 책을 한 권 고른다. 운전에 방해되지 않도록 편하게 라디오처럼 들을 수 있는 책으로 골라 듣는다. 이동 시간에 다 읽을 수 있는 얇은 책 한 권을 고른다. 편하게 책을 듣기 위해서는 평단지기 독서법으로 읽었던 책 중에서 골라 들어보면 좋다. 책을 눈으로 읽을 때와 귀로 들을 때 신기하게도 다른 책인 것처럼 처음 들리는 문장들이 있다. 새로운 책을 많이 읽고 싶으면 인문학책이나, 대화체로 이루어진 책을 골라 듣는다. 좋은 책은 여러 번 듣는다. 혼자 운전할 때 흥미로운 책을 골라 이동하는 시간을 덧셈으로 사용했다. 자차든 대중교통을 이용하든 출퇴근 시간에 이 방법을 활용하는 경우, 일주일 정도면 책 한 권 정도 완독할 수 있다. 이동 중에는 편하게 들을 수 있고, 가볍게 들을 수 있는 책을 추천한다. 혹시 운전하느라 놓친 문장이 있으면 그냥 흘려보낸다. 좋은 문장을 놓쳤거나 다시 찾아보고 싶은 부분은 기억해 두었다가 휴게소에서 도착해 검색하면 된다. 또한 비슷한 부류의 책을 계속 읽으면 다른 책에서도 비슷한 내용이 나오기 때문에 놓치는 부분이 있어도 괜찮다.

한 가지에 집중해야 하는 업무도 있지만, 동시에 2가지 이상을 한 번에 처리할 수 있는 경우도 많다. 무조건 원씽이 아니어도 된다. 멀티플레이가 가능한 사람도 당연히 있다. 단기간에 모든 것을 끝내고 싶어도, 인생 참 길다. 투자할 시간도 꽤 된다. 그리고 한두 번 만에 끝나는 것이 아니라면 장기적인 관점의 시스템을 만들면 된다. 번 아웃하여 금방 포기하는 것보다는 꾸준히 차곡차곡 쌓아가는 덧셈 습관이다. 좀 더 편안한 마음으로 다가가는 것이 끝까지 성공하는 길이다. 평단지기 독서법으로 책을 읽어온 독자라면 이제는 새로운 덧셈의 시간을 가져보아도 좋다.

멈추는 시간을 확보할 때 행복한 삶의 시간이 오히려 길게 느껴진다

일정은 손으로 기록하는 노트와 알람 설정을 위해 구글 캘린더를 동시에 사용하고 있다. 월간 계획표는 책상 노트를 늘 펼쳐 놓는다. 매달 계획은 하나의 목표를 세우고 거기에만 집중하는 편이다. 가끔 중요한 일이 생기면 추가로 처리하는 프로세스를 따른다. 구글 캘린더는 PC나 스마트폰, 태블릿 등에서 공유할 수 있으므로 백업하거나 동기화가 편하고, 반복 설정을 통해 관리하기 쉽다. 구글 캘린더의 경우에는 여러 개의 캘린더를 설정하여 관리할 수 있다. 그중 개인 일정용 캘린더(Youn)와 남편과 공유하는 캘린더(Home), 책을 읽는 기간을 기록하는 독서 캘린더(Hobby), 시간 관리용 캘린더(Time), 업무용 캘린더(Work) 등 몇 개 구분하여 사용하고 있다. 일정 관리를 하게 되면, 멈출 수 있는 여유시간이 언제인지, 동시에 여러 가지 일을 한 번에 처리할 수 있는 시간이 언제인지 확인하기 쉬워진다.

22년 4월 GV60 전기차를 시승 운전한 적이 있다. 그러다 보니 시간은 전기차 배터리와 비슷하다는 생각이 들었다. 왜냐하면 전기차가 고속주행만 하면 배터리가 급격히 방전된다. 운전자는 차가 어디서 차가 멈출까 봐 불안해진다. 고속주행 하듯 삶을 빡빡한 일정으로만 채운다면 삶의 시간도 초 단위로 짧아지는 것처럼 느껴진다. 반대로 전기차는 감속할 때 회생제동 장치가 작동된다. 배터리에 에너지를 저장하게 되어 주행거리가 늘어난다. 즉, 연비가 좋아진다. 회생제동 장치처럼 여유로운 마음으로 멈추는 시간을 확보할 때 행복한 삶의 시간이 오히려 길게 느껴진다. 시간의 복리를 제대로 이해한다면 시간으로부터의 자유와 함께 현재를 덧셈으로 즐길 수 있다. 성공을 위한 시간의 복리를 믿자.

확연히 나아지고 있다고 자신을 믿는다.
차곡차곡 쌓여 기록해 둔 것들의
연결고리가 생겨날 때,
비로소 성공의 씨앗이 된다.

어떤 성공이든 마음먹는 것부터 시작이다. 불가능하다고 생각하는 대신 몸소 실천을 통해 평단지기 독서법을 차근차근 경험해보기로 했다. 책에서 알려주는 건 일단 행동해보기로 했다. 부자로 바로 가는 길은 없었다. 부자로 가는 과정이 곧 성공이었다.

제 4 장

평단지기 독서로
배우는
부의 비결 8가지

"뭐가 됐든 인생에서 '하루에 한 가지'를 다루세요."
―『인생의 태도』, 웨인 다이어

하루에 10분 책 읽기는 대단한 게 아니잖아요. 그래서 하루에 10분 읽습니다. 한 가지를 생각했고, 오늘 할 수 있는 행동, 단 한 가지를 행동으로 옮깁니다. 그리고 24시간이 지나면 성장한 사람이 되어 있죠. 그리고 다음 날 48시간 후에 또 성공한 사람이 됩니다. 그러다 보면 뭔가 되어 있겠죠.

1

새벽을 선택한다

딱 10분, 잠을 줄여보기로 했다

"미라클 모닝, 같이 하실래요?"

"네?"

재테크 강의 첫 시간에 같은 조로 선정된 조원 한 분이 내 자리로 찾아왔다. 잠깐 쉬는 시간, 어색하게 처음 인사를 나누었다.

"아… 저는 그때 못 일어나는 걸요. 안 그러면 온종일 힘들어서요."

슬며시 발을 뺐다. 새벽 5시에 일어나자며 벌금 내기를 제안한 것이다. '새벽 5시에 일어나자고? 말이 되나?' 속으로 생각했다. 평소에는 6시 40분에 일어나 식사를 준비한다. 다 먹고 정리하면, 7시 30분이다. 화장하고, 출근 준비를 시작한다. 8시에 집을 나서고, 9시 즈음 회사에 도착하는 삶이었다. 그것만으로도 참 빡빡한 하루다.

할 엘로드의 『미라클 모닝』 책을 재테크 강의 시간에 추천받았기 때문이었다. 성공한 사람들은 대부분이 새벽에 일어난단다. 하루를 바꾸는 기적 아침 6분이면 충분하다는 내용이다. 기적의 6분이라며. 매일 아침 6시에 일어나 침묵 → 확신의 말 → 시각화 → 운동 → 독서 → 일기 쓰기로 하루를 시작해보라고 말하고 있었다. 강사가 추천한 책이니 읽어보기로 했다. 책을 읽고 그냥 덮지 말고 한 가지씩 배워야 한다는 사실도 배웠다. 첫날 강의에서 본 동영상 속에서 폐지를 줍고, 설탕물을 마시는 야윈 할머니가 있었다. 노후 준비 없이 지금처럼 산다면 은퇴 후에 소득절벽이 생기고, 얼마 후 노후 파산한다는 내용이었다. 덜컥 겁이 났다. 충격적이었다. 부자로 살아남기 위해서는 지금 당장 뭐라도 시작해야겠다고 결심하게 되었다. '조금 일찍 일어나 볼까? 하루 6분 정도니 한 번 해볼까?' 머릿속이 꿈틀거렸다. 1분씩 하는 거니까 충분히 해볼 만한데? 책에서 알려 준 6분 미라클 모닝으로 시작했다. 조금씩 조절했다. 나에게 적합하게 시스템을 변화시켰다. 미라클 모닝에서 가장 힘들었던 건 일어나는 시간. 아침잠이었다. 1분이 얼마나 소중한데….

2016년부터 핏빗을 착용하고 있다. 시계를 차고 잠을 자면 수면시간이 자동으로 기록된다. 자는 동안 얼마나 잠을 뒤척이는지도 알 수 있다. 내 경우에는 보통 잠이 조금 부족하면 두통이 생기고, 잠을 많이 자도 두통이 생겨서, 나에게 맞는 최적의 수면시간을 찾아보고 싶었다. 갑작스러운 수면 부족은 그날 하루를 공치는 두통이 내게 생긴다는 걸 알기에 딱 10분, 잠을 줄여보기로 했다. 6시 30분. '음. 이 정도면 괜찮은데?' 일주일을 보냈다. 몸이 적응했다. '10분 더 줄여볼까?' 6시 20분. '개운한데?' 일주일 후 10분 더 줄였다. 한 달 지나니 6시 기상에 익숙해질 수 있었다. 몇 주 더 테스트했다. 내 컨디션은 5시간 30분 정도 자면 최고라는 걸 알게 되었다. 2017년 4월 나의 미라클 평단지기 독서법이 본격적으로 시작되었다. 새벽에 일어나 가장 먼저 소파에 잠시 앉아 침묵한다. 눈을 감고 명상에 잠겼다가 정신을 가다듬고 확신의 말로 넘어간다. "나는 잘될 수밖에 없다! 나는 건강하고 행복한 부자다! 나는 타인의 독서를 돕겠다!"

중요한 것은 깨어 있는 시간과 수면시간이다

'7분 운동'을 다시 시작했다. 아이폰이나 안드로이드 폰에 설치할 수 있는 '7분 운동' 앱을 켰다. 7분이라고 얕보지 말자. 7분 동안 동작을 따라 해 보면 온몸이 후끈해진다. 이어서 미라클 평단지기 독서를 본격적으로 시작한다. 하루에 10분 책을 읽고, 생각난 것, 행동할 것을 정리한다. 평단지기 독서법을 통해 정리한 글을 동료들에게 매일 공유하기 시작했다. 강제성을 스스로 나에게 부여했다. 평단지기 독서의 시작이었다.

평단지기 독서법을 시작한 지 이제 만 5년이 흘렀다. 회사에서 퇴근하면 체력적 한계로 여전히 번 아웃되는 경우가 많았다. 하루에 10시간 이상 잠을 자야 했던 나도 이제는 5시간 30분~6시간 정도의 수면시간이 보장되면 몸이 개운하다. 미라클 모닝을 하겠다며 새벽 기상에 집중하는 사람들이 많아졌다. 아침이 중요한 사람도 있고, 저녁이 적합한 사람도 있기 마련이므로 자신의 선택에 따라 조정해도 좋다. 아침 시간이 최적인 미라클 모닝이나, 저녁 시간이 최고조인 미라클 나이트가 있듯이 말이다. 기상 시간보다 중요한 것은 깨어 있는 시간과 수면시간이다. 목표를 향해 조금씩 나아갈 수 있는 행동하는 시간을 확보하는 것이 더 중요하다.

새벽 시간이 평단지기 독서에 좋았다

굳은 다짐으로 새로운 하루를 열심히 살아낼 수 있는 새벽 시간이 평단지기 독서에 좋았다. 밤에는 다짐과 확신의 말을 하고 바로 잠이 든다. 자고 일어나면 생각이 리셋되는 경우가 많았기 때문이다. 새벽의 평단지기 독서법은 단지 자신을 알아가고, 올바른 방향으로 인도할 수 있도록 도와주는 지침이다. 예전보다 빨라진 기상 시간으로 출근 전 확보한 시간은 마음공부와 재테크 공부하는 시간으로 썼다. 미라클 모닝만을 위한 미라클 모닝이라면, 그냥 6분 더 마음 편히 자는 게 정신건강에 좋지 않을까.

평단지기 독서법을 통해 마음속에서 큰 울림을 느꼈다. 긍정적인 방향으로 결단을 내렸다. 삶이 변하기 시작했다. 사람은 목표지향적 존재다. 긍정적인 목표, 부자가 되겠다는 목표를 스스로 세우는 순간부터 변화의 시작이다. 내가 처한 상황과 무관하게 시도할 수 있었고, 행동할 수 있었다. 어떤 성공이든 마음먹는 것부터 시작이다. 불가능하다고 생각하는 대신 몸소 실천을 통해 평단지기 독서법을 차근차근 경험해보기로 했다. 책에서 알려주는 건 일단 행동해보기로 했다. 부자로 바로 가는 길은 없었다. 부자로 가는 과정이 곧 성공이었다.

2
책 한 권의 기적을 맛본다

책 한 권에서 시작되었다

책이라고는 1년에 소설 1~2권 정도 읽는 게 전부였다. 2016년 크리스마스이브, 남편과 함께 영풍문고를 들렀다. 마침 기욤 뮈소의『브루클린의 소녀』가 신간으로 나왔다는 소식을 들었다. 난 기욤 뮈소의 팬이었다.『지금 이 순간』,『센트럴파크』,『7년 후』,『종이 여자』등 시리즈를 매년챙겨 읽었다. 외국 인기 도서 코너에서『브루클린 소녀』한 권을 집어 들고 다른 코너를 둘러봤다. 주로 온라인에서 책을 사다가 오프라인 매장에 들렀더니 인기 있는 책들과 새로 나온 책들이 한눈에 보였다. 관련 책이 많이 보였다. 유독 제목으로도 여자의 마음이 홀릴 것 같은 김유라의 『나는 마트 대신 부동산 간다』를 집어 목차를 훑어봤다. 마침 실거주 이사를 하기로 마음먹었던 시기여서, 연말에 부동산 책을 한번 읽어보기로 했다. 그렇게 책 두 권을 집으로 가져왔다. 소설책만 읽어온 내게 새로운 세상으로 이끌어준 책이 되었다. 평소 재테크라고는 예금, 적금, 펀드 정도가 전부였다. 신기하게도 『브루클린의 소녀』보다 『나는 마트 대신 부동산 간다』가 더 흥미로웠다. 책 속에 "이 책만은 꼭 읽자." 하는 부분의 책 목록 중에서 한 권을 더 골랐다. 그렇게 부동산 책을 연달아 읽으면서, 재테크 카페에 회원으로 가입하게 되었다.

재테크 카페에 들어가 게시판을 이곳저곳 눌러보니 추천 도서 게시판이 있었다. 『독서 천재가 된 홍 대리』라는 책이 눈에 들어와서 한번 읽기로 했다. 회사 일에 지친 홍대리처럼 나도 아무 책이나 골라 두 권을 따라 읽기로 했다. 홍대리는 책 두 권을 읽은 후, 33권을 더 읽었다. 『독서 천재가 된 홍 대리』를 계기로 2017년, 독서 천재가 되고 싶었다. 책을 처음 읽으며 독서 습관을 키우기 위해 소설책도 한 권씩 포함해서 읽었다. 카페에 추천된 책을 한 권씩 추가해 읽어나갔다. 모든 것이 책 한 권에서 시작되었다.

책 읽는 법 8가지

33권 읽기가 끝나니, 100권을 읽어야겠다는 다독 의지가 생긴다. 빨리 읽고 싶고, 더 많이 읽고 싶은 욕심이 나타났다. 여러 권의 책을 읽는 동안 경험해본 책 읽는 법을 8가지를 소개한다.

① 그냥 읽기 : 그냥 읽는다. 후기를 남기지 않았다. 기억에도 잘 남지 않았다. 줄거리도 기억나지 않는 경우도 생겼다.

② 필사 요약 읽기: 책 내용을 발췌하여 그대로 기록하면서 읽는다. 시간이 오래 걸리지만, 요약 및 정리가 된다.

③ 본·깨·적 읽기:『본깨적』에서 배운 적용할 것, 벤치마킹할 것들, 책에서 활용할 방법을 기록하며 읽는다. 시간이 오래 걸렸다. 책을 제대로 읽은 느낌이 든다.

④ 오디오북 듣기: 집안일 할 때, 식사 준비하면서도, 이동할 때 책을 듣는다. 단점은 잠시 딴생각에 빠지면 몇 페이지가 훅 지나가 놓치는 부분이 생기는 것이다. 재독하거나, 독서 후기를 쓰면서 다시 정리하면 된다. 두 번, 세 번 다시 들을 때 놓친 부분이 새롭게 들린다. 그중『미움받을 용기』같은 대화체로 쓰인 책이라면, 오디오북으로 듣기에 더욱 좋았다.

⑤ 병렬 독서, 하루에 여러 권 읽기: 하루에 3~4권 정도 시공간을 달리해 다른 책을 읽는 방법이다. 시간과 장소별로 읽는 책을 구분한다.

　a) 새벽에 읽는 책: 10분씩 매일 조금씩 생각하며 되새기는 책. 자기계발서, 습관 관련 분야

b) 저녁에 집중하여 읽는 책 : 투자 지식을 쌓기 위해 읽는 책. 경제/
투자 관련 분야

c) 외출 준비하며 읽는 책 : 화장대 앞에 두고 듣는 책. 데일 카네기
시리즈(『인간관계론』, 『행복론』)

d) 외출용 책: 책을 손에 들고 나가 대기시간에 가볍게 읽는 책. 시
간 관리, 정리법 분야

e) 집안일 하며 듣는 책: 듣기 편하고 쉬운 책. 인문학, 공부법 분야

⑥ 재독하기: 두 번 이상 책을 읽는다. 기억에 가장 오래 남는다. 볼 때
마다, 들을 때마다 참고 경험에 따라 같은 내용이 다르게 느껴진다.
출근 준비하면서 화장대 앞에서 『인간관계론』을 매일 아침 오디오
북으로 들었다. 10~15분 정도면 한 꼭지 들을 수 있었다. 데일 카네
기가 들려주는 오늘의 가르침이라 생각했다. 오늘 행동으로 정하고
출근하면 반드시 그날 실천하기로 했다. 그날의 기분과 느낌에 따
라 오늘은 어떻게 활용해볼까 고민하면서 말이다.

⑦ 독서 모임 참여 읽기: 혼자 책을 읽은 후 독서 모임에 참여한다. 독
서 후기도 남기며 생각을 정리한다. 오프라인에서 또 다른 만남과
각자의 생각을 나눌 수 있다. 한 권의 책을 여러 번 읽는 느낌이 들
었고 각인 효과가 컸다. 낯선 사람들과의 독서 모임이 꺼려지거나,
읽은 책의 독서 모임이 없을 때도 독서 모임과 유사한 방법이 있다.
네이버 검색창에 내가 읽은 책과 같은 책을 읽고 남긴 블로그 후기

를 세 개 정도 찾아 읽어보는 것이다. 나와 다른 생각을 발견하게 된다. 내가 읽은 책의 느낌과 기억하는 문장을 댓글로 남긴다. 새로운 독서 이웃이 생기는 경우가 있었다. 간접형 독서 모임이다.

⑧ 평단지기 독서: 2017년 4월 13일부터 시작했다. 매일 나누어 읽고, 생각을 기록하고, 행동하기. 『인간관계론』을 다시 꼼꼼히 읽으며, 미라클 모닝에 나왔던 독서 시간 10분을 가졌다. 책을 읽고, 요약 정리하여 재테크 카페에 출근 도장으로 남겼다. 2017년 한 해 동안 매일 공유한 평단지기 독서법으로 남긴 글은 책 15권 분량이었다. 공감해주는 인원이 늘어나니 계속하게 되었다. 진짜 미라클 독서였다. 새벽에 읽을 책으로 『다산의 마지막 습관』을 골랐다. 책에서 맹자가 말한 새벽의 상쾌한 기분을 느끼는 '평단지기'라는 단어가 눈에 들어왔다. 바로 이거다. '평단지기 독서법'이 이렇게 만들어졌다.

책 읽는 시간을 즐긴다

책 한 권을 읽는다. 두 권을 읽는다. 그러면 다독가가 될 가능성이 커진다. 2017년 매일 책을 읽기로 하고, 거인의 어깨에 올라탈 수 있는 독서를 시작했다. 다독이라는 목표를 세워 함께하는 독서를 통해 감동을 더했다. 2018년부터는 재독과 새로운 책을 병행해서 읽었다. 평생 책과 함께하고 싶을 정도로 책이 좋아지는 감정이 나타났다. 같은 책을 읽었지만 '참 좋은 책이군!' 하며 생각에 그친 적도 있다. 어느 날 갑자기, 같은 책도 다른 큰 울림으로 다가오는 시간이 있었고, 긍정적인 방향으로 생각을 전환하는 계기가 되어주기도 했다. 시작은 한 권, 두 권, …, 33권, 그리고 100권까지 읽겠다는 다짐부터였다.

이제는 읽은 책의 권수를 채우기보다 책 읽는 시간을 즐긴다. 책을 읽은 후, 얼마나 소화가 되는지, 삶이 어떻게 변했는지가 더 중요하다. '내 생각'을 덧붙이는 평단지기 독서법이다. 매일 아침 상쾌한 기운을 느끼며 새로운 마음으로 10분간 책을 읽고, 느리지만 생각하고 오늘 행동한다. 신체 근육을 단련하기 위해 매일 단백질을 보충하고 운동하듯이, 독서 근육을 탄탄히 하기 위해 매일 평단지기 독서법을 통해 책으로 지식을 보충한다. 책 한 권의 기적, 누구에게나 일어날 수 있다고 믿는다.

3

강점을 살린다

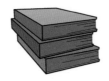

레이 크록처럼 한다면 돈은 반드시 따라온다

맥도널드 창업주 레이 크록은 크록 재단을 설립하여 사회에 많은 도움을 주었다. 대신 대학에 돈을 기부하는 것은 딱 잘라 거절했는데, 젊은이들에게는 직업교육이 필요하다고 생각했기 때문이다. 레이 크록은 멀티 믹서와 종이컵을 팔기 위해 시카고 시내를 35년 동안 다 돌아다녔다고 한다. 골목길을 속속들이 파악하였다. 고객들의 이동 패턴과 배달 경로, 보행자 신호 종류까지, 임대인 임차인이 누구인지까지 파악할 수 있을 정도였다고 한다. 그렇게 맥도널드는 햄버거를 파는 회사 대신 땅을 사고 있었다. 그래서 부동산에 관한 전문가까지 될 수 있었다. 그는 개척자의 정신으로 무장하고 앞으로 나갔다. 레이 크록처럼 오랫동안 한 분야에 관심을 두고 통달한다면 돈은 반드시 따라온다.

1년간 신문의 부동산 페이지를 매일 조사했다. 분야를 좁혔다. 강남4구 소식만 챙겨보았다. 한 지역만 보면 이유를 찾기 어려운 문제도 동시에 4개 자치구를 함께 비교해보니 지역 간 이동이나 흐름이 보였다. 서초구, 강남구, 송파구, 강동구 공부를 위해 몇 년간 관심을 가지고 돌아다니니, 예전에 없었던 새로 생긴 곳, 예전에 있던 곳들이 사라진 곳이 보이기 시작했다. 누군가 서초구, 강남구, 송파구, 강동구에 관해 물어보면 '아, 거기요!'라고 답할 수 있는 지역 전문가처럼 말이다.

경제적 자유로 가는 유일한 길은 하나씩 꾸준히 이겨내고 하나하나 배우며 성장해 나가는 길이다. 한 번에 딱 도착할 수 있는 길이 아니다. 그렇다고 도달하기 어려운 길도 아니다. 자기의 환경에 맞게 목표를 세우고 조금씩 개선하면, 분명 내가 정해둔 목표에 다다르게 된다. 남들을 따라 하는 대신 내 주변에 조금씩 관심을 가지고 살펴보다 보면, 주변에 일어나는 현상들이 하나둘 달리 보이는 느낌을 받는다. 관심만 가지면 된다. 모두가 지역 전문가가 될 수 있다. 한 지역을 꾸준히 지켜봤다. 내가 이사하고 싶은 아파트를 정하고 매일 시세를 확인했다. 더 이상 내려가지 않을 것 같다는 확신이 들었다. 그렇게 이사를 했다. 그 뒤로 몇 달간 내가 산 아파트가 최고가를 찍었지만, 내가 샀던 가격은 이제 더 이상 최고가가 아니다. 이 글을 읽고 있는 독자분들도 스스로 환경에 맞게 목표를 세우고, 하나둘 실무를 배워 한 분야에서만큼은 전문가가 되면 된다. 결국, 돈은 반드시 따라온다.

항상 수업료 이상의 것이 따라온다

은행과 친해지라는 말을 여러 책에서 읽었다. 금융 대출 분야 강의에서도 종종 듣는 말이다. 대출할 때도 대면 상담사나 은행에 따라 가산금리가 달라진다. 하루는 관심 지역인 강남 부동산에 들렀다. 부동산 소장님이 대출이 필요할 때 연락하라며, 주말에도 상담할 수 있는 외국계 은행 지점장 연락처를 하나 알려주었다. 이자 측면에서도 유리하게 적용해줄 수 있고, 세금 상담도 가능한 분이라고 했다. 바로 은행과 친해져야한다는 말이 바로 이런 거구나 하는 생각이 들었다. 주말에도 바로 대출여부나 상담을 할 수 있었다.

외국계 은행 중 한 곳이 신용대출 한도가 잘 나온다는 소식을 듣고 송파지점에 방문한 적이 있다. 부지점장과 상담했는데, 직접 부동산 투자까지 해본 그분은 친절하게 하나하나 설명해주셨다. 적합한 조언뿐 아니라 실무 차원의 질의응답 시간을 가졌다. 대출은 보통 연말에 이자가 높아진다. 그리고 연말이 되면 은행별로 대출은 조기 마감된다. 그래서 부동산 잔금은 1월~2월로 맞추는 것이 유리하다는 사실을 알게 되었다. 재건축 이주 시에 이주비를 안 받는 경우가 유리한 예도 있다는 설명까지 들었다. 실투자 경험담까지도 한참 동안 들려주셨다.

  부동산이든 주식이든 새로운 무언가를 시작하기 위해서는 해당 분야의 책을 적어도 3권 이상 찾아본다. 무작정 현장에 들어가 배우면서 실력을 키울 수 있지만, 시간이 오래 걸린다. 전문 분야에 대한 서너 권의 책이라도 읽어보고, 부동산 투자든, 주식 투자든 시작하는 게 유리하다. 제대로 된 재테크 공부를 하기 전에는 무료 강의나 공짜를 좋아했다. 하지만, 책을 읽고 강의를 들어보니, 무료 강의보다는 유료 강의를 더 추천하고 싶다. 공짜 점심은 없었다. 적은 돈이라도 받은 저자분들이나 강사는 돈에 대한 막대한 책임감을 느끼기에 하나라도 더 많이 알려주려고 한다는 걸 깨달았다. 더군다나 돈을 내고 온 유료 수강생들은 하나라도 더 배우고 싶어 하는 열정이 무료 수강자보다 많다. 강사와 수강생 간에 그러한 열정과 에너지가 교감이 되어, 지급한 돈 이상의 돈이 반드시 따라오곤 했다. 그걸 깨달은 후부터는 무료 강의와 유료 강의가 있으면 유료 강의를 신청한다. 항상 수업료 이상의 것이 따라온다.

아는 분야에서 시작하는 게 좋다

돈만 많이 번다고 해서 부자는 아니다. 사실 돈이 전부는 아니다. 나에게 적당한 돈이면 충분하다. 생각보다 인생은 길다. 아직 20대에서 30대는 젊음의 시간이 무기다. 그런데 정작 본인들은 그걸 놓치고 조급해하는 경우가 많다. 수입보다 지출을 적게 하는 원칙이 있으면 된다. 수입 일부를 시간에 투자할 수 있는 곳에 묻어두면 끝이다. 복리의 마법은 오랜 시간이 지난 후에나 펼쳐지니까. 워런 버핏도 60세 이후에 벌어들인 수익이 대부분이다. 일찍 부자 공부를 시작하겠다는 마음이라면 충분하다. 처음에는 돈이 불어나는 속도가 느려 제대로 가고 있나 의심하기 쉽다. 처음엔 평단지기 독서도 미약해 보였지만 결국 극대화될 수 있음을 시간이 지나 보니 알게 되었다. 아무리 계산해보아도 처음에는 체감이 잘 안 된다. 복리도 그렇다. 복리의 마법은 나이가 들어 시간이 한참 지나야 효과를 진짜 맛보게 된다. 1년짜리 적금으로 10만 원씩 넣으려고 0.1% 이자율이 높은 곳을 찾아다니는 대신 한 달에 만 원 지출을 줄이고, 11만 원을 저축한다. 시간이 복리의 비밀이다.

워런 버핏이 존경받는 이유는 단지 돈이 많아서가 아니다. 자신만의 투자철학으로 공공의 선에 어긋나지 않는 방법으로 책을 읽고 투자하고 있어서다. 작은 저축 습관에서 시작된다. 낮은 가격으로 높은 가치를 살 수 있다. 내 주변에 부자가 있다면 거기서부터 시작해도 좋다. 이자가 복리로 불어나듯이 부자가 되는 방법도 복리로 쌓인다. 남들이 경제적 자유를 얻는 방법을 찾는다고 해서 똑같은 길을 걸을 필요는 없다. 부자가 되기 위해 투자를 시작한다면, 조급한 마음이 생기지 않는 돈으로 아는 분야에서 시작하는 게 좋다. 내가 아는 것부터 공부를 시작하여 강점을 살리면, 돈은 반드시 따라온다. 평단지기 독서법으로 천천히 부자 공부를 시작해보자. 삶이 훨씬 풍족해질 뿐 아니라 부자가 되는 과정 또한 즐길 수 있다.

4

바로 지금 시작한다

진짜 부자인가

'70억 자산가, 총자산 100억 만든 부자' 요즘 재테크 책이나 유튜브에서는 부자 이야기가 자주 나온다. 불과 몇 년 전만 해도 1억 만들기가 유행이었는데 이제 10억, 100억쯤 되어야 부자라고 불린다. 열심히 따라하기만 하면 이 책을 읽는 독자도 10억 부자, 100억 자산가가 될 수 있다고 유혹한다. 불과 4~5년 전에 비해 서울 아파트 가격이 두 배 넘은 곳이 많아졌다. 집 하나 사두었더니, 집 없는 사람들은 집 있는 사람들을 부자라 한다. 사는 집값이 올랐을 뿐, 삶이 달라졌는지 생각해보면 달라진 게 별로 없는데 말이다. 먹는 것, 타고 다니는 차, 입고 있는 옷…. 사실 변한 게 별로 없다. 가격이 올랐을 뿐이다.

진짜 부자인가? 도대체 얼마나 부자일까? 궁금했다. 총자산은 부채와 순자산을 더하면 된다. 바꿔 말하면, 순자산은 총자산에서 부채를 뺀 금액이다. 내 경우는 좀 더 보수적으로 순자산을 계산하는 편이다. 찐 자산으로 말이다. 대출 규제가 심해진 요즘은 부채도 자산이라고 이야기한다. OO억 자산가의 찐 자산이 얼마나 될지 계산해보자. 부동산, 주식(미국) 등을 매도하면 양도세를 낸다. 현재 양도세는 개인이 주택을 소유하면 조정지역 내에서는 2주택자 이상의 경우 기본세율 + 10%, 3주택 이상의 경우 기본세율 + 20%로 중과된다.(단, 22년 5월 10일부터 23년 5월 9일까지 양도 시 다주택자 양도소득세 중과는 1년간 한시적으로 배제된다.) 집을 팔면 온전히 사용할 수 있는 현금이 얼마나 남는지 순자산을 계산해본다. 총자산 100억에 부동산 몇 채가 있고 양도세를 빼고, 부채도 빼면, 총자산 대비 찐 자산이 10~20% 정도만 남기도 한다. 대출이나 전세금이라는 레버리지를 사용했기 때문이다. OO억 부자 타이틀에 솔깃했다면 아직 초보 투자자일지도 모른다.

이 사람은 진짜구나

부자가 되려고 공부를 함께 시작했던 동료들이 책을 출간하고 다양한 곳에서 강의하고 있다. 저자 특강도 들어보고, 재테크 카페에서 주관하는 특강을 수십 번 들었다. 처음 재테크 강의를 들었을 때 강사님이 천만 원 이상 강의비가 들었다고 했을 때 '와~아' 하며 놀랐다. 계산해보니 지금의 나도 강의비와 책값으로 그 정도 투자한 듯하다. 책이란 글로 읽기 때문에 스스로 파악해야 하지만, 저자 강연을 들으면, 좀 더 생생하게 저자에 대한 사연을 알게 된다. 책보다 유료 강의를 들을 때 좀 더 강사 자신을 진솔하게 소개하는 경우가 많았다. 재테크 공부를 처음 시작하던 부린이, 주린이 시절, 재테크 책을 쓴 사람이 모두 진짜 부자인 줄 알았다. 강의를 들어보니 이 사람은 진짜구나, 이 사람은 좀 아닌 것 같은데? 하는 판단을 내릴 수 있었다. 책을 고를 때는 나의 경제적 상황과 처한 환경을 고려하면서 저자의 경력과 환경을 이해한 후 책을 읽어보길 바란다. 이 책을 읽고 계신 독자도 만약 저자 특강이 있다면 한 번씩 꼭 들어보면 좋겠다.

『이웃집 백만장자』에 따르면 진짜 부자들은 우리 집 옆에 살고 있을지도 모른다. 돈이 많다고 티 내지 않고, 평범하게 살아가고 있는 이웃집 백만장자들이라 처음부터 딱 '부자'인지 알아보기 어렵다. 알고 있는 압구정동 할아버지는 대출 없이 금융자산과 건물을 보유하고 계신다. 과거 현금을 보따리에 가득 집으로 갖고 오는 날도 있을 정도로 돈이 들어오는 시기도 있다고 했다. 운전도 안 하시고 대중교통을 이용한다. 신용

카드 대신 현금을 쓰시고, 은행을 자주 다니신다. 압구정동 KB국민은행 VIP인 듯하다. 『부의 본능』에도 수백억을 가진 회장님조차 손님 접대는 언제나 설렁탕 한 그릇이었다는 사연이 나온다. 압구정동 할아버지도 친구들과 만나면 백반집에 들러 소주 한잔하시는 걸 즐긴다. 어느 날 압구정동 할아버지가 커피 선물 세트 하나를 건네주셨다. 선물이 하나 생겼는데, 본인은 커피를 마시지 않는다며 가져가라고 하셨다. 커피가 담겨 있는 종이 가방은 KB국민은행 압구정지점이라는 글자가 보였다. '은행에서 이런 선물도 주는 거야?' 싶었다. 대학원 시절 홍콩 여행 갔을 때 기념 선물로 아빠를 위해 다비도프 커피 세트를 사 왔다. 바로 그 커피였다. 은행 적금이나 예금 하나 가입했다고 여행용 세면도구 세트 하나 받아본 게 전부다. 얼마나 은행에 돈이 있으면 이런 커피 선물을 받나 궁금했다. 이웃집 백만장자, 겉으로 보이지 않는 부자들은 자신만의 돈 버는 방법이 하나씩 있었다. 다만 그들은 입이 무거웠다.

바로 지금, 부자 공부를 시작하겠다

2021년 한국 부자보고서(KB 경영연구소)에 따르면 금융자산을 10억 원 이상 보유한 사람을 한국의 부자라 정의했다. 금융자산 10억. 현금이 은행에 예치된 금액이라 보수적인 계산을 해보면 찐 자산이 적어도 10억 이상이다. 진짜 부자. 부자보고서는 금융자산별로 세분화하여 10~100억 원 미만의 '자산가', 100억~300억 미만의 '고 자산가', 300억 이상의

'초고자산가'로 구분했다. 2021년부터는 '준 부자'라는 단어까지 등장할 정도로 부자가 많아졌다. 한국 부자의 90% 이상은 '자산가'에 해당하며 7.2%인 2만 8천 명이 '고 자산가', 2.0%인 7,800명이 '초고자산가'에 해당하는 것으로 분석했다. 한국 부자의 1인당 평균 금융자산은 66.6억 원이며, 자산가 25.7억 원, 고 자산가 176.7억 원, 초고자산가 1,550억 원을 보유하고 있다고 한다. 유튜브와 책에 나오는 유명한 분보다 훨씬 많은 부자가 주변에 숨어 있다. 부자를 부자답게 만드는 요소로 '자산, 사회적 지위, 사회적 관계, 가족 관계, 사회 공헌' 키워드를 제시하여 항목별 중요하다고 생각하는 정도를 조사했는데, 부자답게 만드는 가장 중요한 요소는 물론 '자산(36.9%)'이었지만, '가족 관계(22.4%)', '사회적 관계 (15.7%)', '사회적 지위(15.2%)' 등 자산 외 기준에 대해서도 중요시했다.

부자가 되겠다는 결심이 먼저다. 그리고 방법을 찾아 책을 읽고 실천한 사람들은 실제 부자가 되었다. 열정을 갖고 추진했다. 어떻게 될지 세밀하게 계획할 필요가 없었다. 좋은 투자는 지루할 정도로 길다. 80세, 90세까지 가능한 것이 투자다. 부동산, 주식, 통계자료 등의 투자 정보나 재테크 책이 누구나 볼 수 있게 전체 공개되어 있다. 만약 지금 성공하지 못한 상태라면 그것은 오직 변명하느라 시작하지 않아서다. 진짜 부자는 바로 지금, 나도 부자 공부를 시작하겠다는 결단부터였다.

함께 보면 좋은 보고서

① KB 경영연구소, 2021 한국 부자 보고서, 2021

https://kbfg.com/kbresearch/report/reportView.do?reportId=2000189

② 하나금융경영연구소, 2021 부자와 대중부유층의 자산관리 트렌드, 2021.3

http://www.hanaif.re.kr/boardDetail.do?hmpeSeqNo=34751

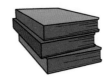

5

당당히 요구한다

한 번만 요구해보면 된다

가계부 쓰고, 지출을 줄이고, 저축하여 부동산 투자금 확보에 집중했다. 갖고 싶은 것, 누리고 싶은 것을 미루기로 정했다. 가족에게도 "나중에, 다음에 사면 안 될까?"라고 조심히 물어봤다. 가계부를 쓸 때 처음에는 1원 단위까지 맞추느라 스트레스가 쌓이곤 했다. 지금은 그 정도까지 작성하지는 않고, 재무제표를 통해 어디로 돈이 흘러가고 있는지 파악하는 데 집중한다. 수입이 늘어나면 가성비를 따져서 10원 더 싼 인터넷 쇼핑몰을 찾아다니느라 내 시간을 낭비하고 싶지 않다. 이것저것 따지지 않고 그냥 아무거나 사려면 더 많은 수익을 내기로 한다. 그동안 많은 돈을 벌지 못했던 이유는 요구하지 않았기 때문이다. 요구했다면 쉽게 얻어지는 경우가 많다. '안 된다'라는 이야기를 들을 때까지 한번 요구해본 적 있었는가. 가장 중요한 것, 내가 원하는 것을 얻으려면, 내 의무를 먼저 다한다. 그리고 충분한 권리를 요구한다. 불편한 마음이 들어 굳이 말해야 하나 싶어 머뭇거렸다. 손해를 봤다. "이봐! 해보기나 했어?" 정주영 회장님의 어록을 되새기며, 그냥 조금 일찍 시도해본다.

남편에게 통풍이 생겼다. 시금치나 버섯 종류는 먹으면 안 된다. 남편은 김밥 한 줄 시켜 시금치를 골라내고 먹고, 된장찌개를 주문하면 팽이버섯을 골라내고 먹는다. 다음부터는 처음부터 "시금치 빼주세요, 버섯은 빼고 주세요." 요구해보라고 알려줬다. 남편은 그냥 내가 빼고 먹으면 되지 뭐 굳이 빼고 달라고 하냐고 이야기한다. 주인으로서도 먹지 않는 재료는 빼고 파는 게 이익인데 말이다. 김밥 먹으러 다시 갔다. 내가 시금치 뺀 김밥 한 줄과 보통 김밥 한 줄을 주문했다. 각자 편하게 자기 김밥을 먹는다. 한 번만 요구해보면 된다. 다음은 쉽다.

안 된다고 포기하지 말고

무엇을 요구할 때는 과거에 한 번도 예외를 둔 적이 없는지 물어보면 도움이 된다. 만약 있다면 예외 조항을 적용해 달라고 요구해볼 수 없는지 물어보고 설명해 달라고 해보자. 법 조항에도 예외 사항, 예외 규칙들이 존재한다. 상위 기관에서는 하위 부서로 문서작성 지침을 내려 보낸다. 일반적인 과제들에 대해서는 지침에 따라 작성하여 제출하면 그만이다. 그런데 항상 지침대로 작성이 안 되는 경우가 늘 생긴다. 그럴 때 상위 부서에서는 지침에 대한 예외 사항으로 빼주는 경우가 더러 생긴다. 요구하지 않으면 내가 머리를 써서 양식에 맞게 결과물 제출이 필요하다. 전화 한 통화로 물어보니 굳이 맞추지 않고 예외 사항으로 적으라 했다. 컴퓨터로 알고리즘을 만들 때도 항상 예외 처리해둔다. 안 된다고 포기하지 말고 일단 요구해보자. 예외 조항은 없는지 말이다.

부동산에 가서 원하는 집을 보다가 마음에 들면 가격 흥정이 시작된다. 네이버 부동산이나 부동산 실장님들은 매수자가 받고 싶은 가격을 그냥 올려놓는다. 상승장에서 실거래가격을 찾아보면 호가가 높은 경우가 대부분이다. 집주인이 내놓은 가격보다 천만 원을 더 싸게 사고 싶으면 2천만 원, 3천만 원 이상 깎아달라고 요구해야 한다. 그래야 매수자매도자 간의 중간 지점인 천만 원 정도 협상이 이루어진다. 매수자가 원하는 가격에 대해 아무 요구가 없으면 제시한 가격으로 사거나 못 사거나 둘 중 하나다. 반대로 매도자라면 받고 싶은 집 가격보다 천만 원, 2천만 원 호가를 높여서 내놓은 다음, 매수 손님이 오면 협상해주기로 한다. 한 번 기준점을 제시했을 뿐인데 천만 원 이상 왔다 갔다 한다. 직장인한 달 치 월급이 넘는다.

한 부동산에 여러 명이 함께 방문한 적이 있다. 실장님과 미리 전화 약속해 두었기에, 매물을 보여주실 거로 생각했다. 그런데 막상 도착하니 매물이 하나도 없다. 한 번에 여럿이 부동산에 들어갔더니 그냥 공부하러 온 뜨내기손님인 줄 생각하셨나 보다. 분명 보여주시겠다고 했는데 말이다. '여기도 없군!' 하던 찰나, 눈치 빠른 동료 한 명이 벽에 걸려 있던 그림으로 화제를 돌린다. "실장님, 저거 해바라기네요. 그런데 왜 거꾸로 달려 있나요?", "해바라기꽃의 씨앗이 돈이잖아요. 씨가 많이 떨어졌으면 좋겠어요. 돈이 부동산에 많이 들어오라는 생각에서요."라며 웃으셨다. 이에 동료가 "우리도 같이 부자 돼요. 실장님. 다음에 올 때는 제가 해바라기꽃 사 올게요!"라고 맞받아친다. 실장님에게 다른 매물 나오면 꼭 소개해달라고 한 번 더 말했다. "사실은…." 하고 실장님이 집 하나의 사연을 이야기하기 시작했다. 실장님이 장부 깊숙이 숨겨둔, 네이버 부동산에 없던 매물을 소개하기 시작했다. 일방적으로 요구하지 않고 분위기를 전환하고, 사람으로 다가가 말 한마디 했더니 성과가 생겼다. 결국 그 동료가 그 매물을 매수했다고 한다.

요구하지 않으면 얻을 수 없고, 요구하면 얻을 수 있다

수동적인 자세로 살았다. 살아오면서 늘 주는 대로 받았다. 다른 생각은 복잡하고 귀찮았고, 아무런 감정 없이 그냥 지나간다. 이제는 한 번 더 고개 내밀고, 손 내밀어서 요구하기로 한다. 의무를 충분히 다했으니,

권리도 당당히 요구하기로 말이다. "○○ 있어요? ○○ 되나요? ○○○ 안 되나요? ○○ 예외 사항 없어요?"라고 말이다. 원하는 것, 얻을 수 있다.

이만큼의 가치를 제공해줄 수 있다고 먼저 보여준다. 그리고 원하는 것을 최대한 구체적이고 정확하게 요구한다. 거절당하면 어떤가. 다시 시도해보면 되는걸. 두려워하지 말고 작은 용기를 내자. 『인간관계론』, 『협상의 법칙』, 『어떻게 원하는 것을 얻는가』 등의 책을 평단지기 독서법으로 나누어 읽으며 협상의 기술을 습관으로 꾸준히 연습해 나가면 도움이 된다. 요구하지 않으면 얻을 수 없고, 요구하면 얻을 수 있다. 한 번만 해보면, 다음엔 쉽다.

6

상위 0.1%의 루틴이 있다

회장님을 바로 앞에서 만날 줄이야

2020년 8월, 만만세 워킹클럽 행사가 있었다. 『돈의 속성』, 『생각의 비밀』의 저자 김승호 회장이 참석하는 걷기 이벤트였다. '와! 집 근처인데?!' 처음 참석하는 모임이라 낯설고 두려움도 조금 있었다. 하지만 앞에 다가온 기회를 놓칠 수 없었다. 일단 신청하고 고민하자는 마음이 앞섰다. 두근두근. 걷기 모임 전날 밤 오픈 카톡방이 만들어졌다. 오전 8시 모임이다. 아침부터 추적추적 여우비가 왔지만, 내 마음은 상쾌했다. 다행히 점점 비도 그치고 있었다. 준비위원분들이 평화의 광장에 오는 순서대로 몇 명씩 그룹을 만들어주었다. 그룹별로 이야기 나누면서 공원을 걷다가, 김승호 회장이 합류하여 질문과 답변 시간을 가지는 시간으로 이루어진다고 설명 들었다. 서먹서먹했다. 처음 뵙는 네 분과 인사 나누며 걷기 시작했다. 화장품을 직접 제작하여 판매하려고 하시는 막 퇴사하신 예비 사장님, 강동구 성내동에 자신의 브랜드를 창업하신 카페 젊은 사장님, 인터넷 쇼핑몰을 운용하고 계시는 사장님, 그리고 15년 차 직장인인 나. 올림픽공원은 다행히 자주 찾는 곳이라 내가 직접 길을 구석구석 안내했다. 갑자기 1등으로 우리 조에 김승호 회장이 합류하였다. 바로 앞에서 만날 줄이야…. 대부분 김승호 회장님의 사장학 수업을 들으셨던 분들이시라 사업에 관해 질문이 이어졌다. 나만 직장인이어서인지, 사장의 고민에 관한 질문을 찾지 못했다. 그해 출간된 『돈의 속성』 전자책 화면을 캡처하여 전자책 표지에 사인받은 게 전부였다. 다만 옆에 계신 분들이 질문하는 내용에 대한 답변으로도 많은 공부가 되었다. 미리 질문을 준비하지 못한 내가 바보스러웠다. 사장님과 직원의 생각 차이였을까. 투자자로서 CEO 마인드를 가져야겠다고 다짐만 했을 뿐 아직 직장인이었다. 유명 연예인 팬클럽에 속한 직장 동료의 이야기를 빌리자면, 연예인에게 팬들은 새우젓의 눈알처럼 작게 보인다고 한다. 나도 그런 사람 중 한 명이지 않았을까 싶다. "키위 좋아하세요?"라는 질문이라도 해야 했는데 아무 생각이 나지 않았다.

 * 2020년 8월 만만세 워킹클럽 유튜브 영상 https://youtu.be/GZfAIj30sQ4

타이탄의 도구, 3가지

세상에서 가장 성공한 사람들의 비밀, 세상에서 가장 지혜로운 사람들의 비밀, 세상에서 가장 건강한 사람들의 비밀을 모아 둔 책이라는 타이틀을 가진 『타이탄의 도구들』을 읽었다. 타이탄이라 불리는 사람들은 매우 상세했다. 당장 따라 해볼 만한 것 3가지를 소개해본다.

첫 번째, '하루 아침 5분 일기' 쓰기다.

성공한 타이탄들은 주로 아침에 일기를 쓴다. 밤에 일기를 쓰면 '오늘은 정말 스트레스 많았고 짜증이 나는 하루였어.'라고 채워질 가능성이 크다. 아침/저녁 5분 일기를 다음과 같이 적는다.

 – 아침에 쓰면 좋은 것 : 지금 감사한 일 3가지, 오늘 기분 좋게 만드는 것 3가지, 오늘의 다짐!

 – 밤에 쓰면 좋은 것: 오늘 일어난 굉장한 일 3가지, 이렇게 했더라면 3가지, 참 잘했어!

서점에서 『하루 5분 아침 일기(The FIVE-MINUTE JOURNAL)』를 샀다. 일기장이 양장으로 되어 있어 나의 일기장이 책 같은 기분이다. 타이탄들은 한 달에 한 번 '오늘 있었던 굉장한 일들'을 최소 한 달에 한 번씩 다시 살펴보기를 권한다. 심리 치유가 된다. 1년 후, 5년 후, 10년 후에 살펴보아도 나의 굉장한 일, 나와 가족의 잘한 일들을 읽어보면 기분이

흐뭇해질 것이다. 내가 예전에 이랬었다고 하면서 말이다.

두 번째, 레드팀을 만든다.

부동산 공부를 위해 다른 사람들과 함께 다니다 보면 여기가 좋다, 저기가 좋다, 이걸 사야 한다, 저걸 사야 한다고 하며 동요되는 경우가 많다. 재테크 카페나 동료들의 이야기를 듣다 보면 지금 꼭 사야 할 것만 같다. 그럴 때 레드팀이 필요하다. 나의 레드팀은 바로 배우자, 냉철 남편이다. 이름에도 '홍'이 들어가니 제격이었다.

재테크 카페에 가입하여 부동산 투자 공부를 처음 시작했을 때다. 한 달 동안 한 B 지역을 매일 임장을 다녀야 한다는 과제가 있어 퇴근 후 집에 와서 차를 두고 지하철을 타고 다녀오곤 했다. 퇴근하면서 차를 몰고 수도권제1순환고속도로를 한 시간 동안 운전해서 지역 분위기를 보고 온 날도 있었다. 한 달 중 18일간 B 지역을 다녀왔다. 한 달 지난 후, 동료들이 B 지역에 투자를 시작했다는 소식이 들려왔다. 내게는 투자가 처음이라 확신할 수 없었다. 남편에게 B 지역에 투자할까 살포시 물어봤다. 그러자 남편은 냉철한 레드팀이 된다.

"왜 굳이. 집 근처에도 좋은 아파트들이 많은데. 집이랑 그렇게 먼데. 거기까지 다니면서, 사야 해? 관리가 되겠어?"

"그렇지? 좀 더 알아봐야겠어."

바로 멈췄다. 그리고, 다른 S 지역으로 옮겨 지역 분석을 했다. 처음 본 B 지역보다 더 입지가 좋아 보이는 S 지역이었다. 투자할 수 있는 투자금도 적합했다. 무엇보다 S 지역은 우리 집에서도 더 가까웠다. 그래서 남편에게 S 지역에 투자를 시작해보겠다고 했다. 이번에 남편은 블루팀이 되었다. 찬성이다. 몇 년 지나 지금 되돌아보니, S 지역에 투자한 부동산 수익률이 B 지역보다 4배 이상 높았다. 투자는 이렇게 가족이 동의하는 곳이 좋다. 재테크 수업을 들은 적도 없고, 부동산 투자를 해본 적 없는 남편도 신뢰할 만한 곳이라면 실거주자들도 좋아하는 지역임이 틀림없다.

세 번째. 현자와 부자로 만들어줄 도구들을 찾아 친구와 '함께'한다.

새벽에 일어나 평단지기 독서하고, 함께 공부하는 동료들에게 오늘 문장을 공유하기 시작했다. 2017년부터 오늘 한 문장을 골라 재테크 카페에도 출근 도장을 찍듯 공유했다. 결국 지금 이 책을 쓰게 된 계기도 새벽 독서 후 출근 인사를 하는 것이 나의 습관이 되었기 때문이다. 혼자 독서하고 기록만 했다면 지금까지 꾸준히 할 수 있었을까? 아마 그랬다면 아픈 날 건너뛰고, 여행 가니 쉬었을 테고, 주말에는 늦잠 자느라 핑계를 대고 있었을 거다. 그걸 예방하기 위해 글을 매일 동료에게, 블로그에 공유하기로 했다. 일요일에도, 여행을 가서도. 혹시라도 빠지면 동료들이 궁금해할까 봐 새벽에 못 한 날은 늦은 저녁이라도 공유했다. 해외

출장을 가서도 한국 시각에 맞춰 공유할 정도였다. 책을 완독하고 나면 '~끝.' 인사를 남긴다. 그러면, 동료들은 "또, 끝내셨군요!" 하면서 축하 인사로 응원해주었다. 이렇게 스스로 만든 루틴으로 동료에게 매일 알리 며 미라클 평단지기 독서가 한 권씩 쌓여갔다.

'매일' 하는 사람은 끝까지 남는다

상위 0.1%의 루틴이라 해서 내가 따라 할 수 없는 행동을 하는 건 아니 었다. 하루가 달라지는 타이탄의 습관은 바로 적용해볼 수 있는 평범하 고 꾸준한 행동이었다. 따라 해본다. 평단지기 독서다. 딱 하루 10분, 딱 21일, 딱 1년. 판단을 보류하고 계속 연습하다 보면 어느 순간 '성공적인' 사람으로 변한 자신을 발견할 수 있다. 세상에서 가장 성공한 사람들, 가 장 지혜로운 사람들, 가장 건강한 사람들인 타이탄들의 도구들이 점점 나의 강력한 무기가 된다. 하루 10분은 아무나 할 수 있다. '매일' 하는 사 람은 끝까지 남는다.

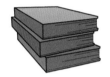

7
자본주의, 경제와 함께한다

'필수' vs. '줄이자'

다수의 경제경영서와 부자들의 성공담은 자본주의와 경제 공부를 미리 알아두라고 조언하고 있다. 부자는 현금, 달러, 채권, 주식, 부동산, 사업체 등을 자산으로 하나씩 모아간다. 자산을 따로 분리하여 생각하지 않는다. 경제 원리는 서로 연결되어 있으므로 평소에 평단지기 독서로 경제 분야까지 확장하여 관심을 가져두면 도움이 된다.

요즘에는 여러 종류의 가계부 앱들이 많이 나와 있다. 마이 데이터사업 확대로 쉽고 편하게 자동으로 기록되는 가계부가 많아졌다. 그중에서 '뱅크샐러드'라는 앱이 사용하기 편리했다. 은행 적금, 카드 사용 명세, 부채, 부동산, 연금까지 통합 관리가 되어서 하루 5분만으로도 자산을 확인하기 쉽다. 매달 말일에는 순자산을 확인하여 별도 엑셀 파일에 기록한다. 일주일에 한 번 부동산 시세는 KB 부동산 기준으로 업데이트된다. 자산의 흐름을 추적하기 쉽다. 때로는 부동산 금액이 상승하는 시기에는 근로소득보다 자산소득 증가로 인해 적은 가계 수입/지출액의 경우 흐름 파악에 방해가 될 수 있다. 이럴 때는 부동산을 별도로 분리해두면 된다. 네이버 가계부, 편한 가계부, 비주얼 가계부 등 여러 다양한 앱이 있으니 평소에 경제와 친하게 지낼 수 있도록 자신이 사용하기 편리한 앱을 하나 설치해 꾸준히 관리해보면 된다. 가계부를 쓸 때는 1원까지 맞추느라 시간을 낭비할 필요는 없다. 대신 자산의 흐름 파악이 중요하다. 예전에는 엑셀 파일로 만들어서 세부 항목까지 기록한 적이 있었다. 지금은 더 이상 복잡하게 기록하지 않고, 가계부 카테고리를 간단히 줄였다. 생활비 카테고리는 딱 2개로 구분한다. '필수생활'과 '줄이자.' 매월 '필수생활' 계좌와 '줄이자' 계좌로 일정 금액을 이체하고, '필수생활' 비용에 사용하는 카드/계좌와 '줄이자' 비용에 사용하는 카드/계좌를 구분하여 사용하는 중이다.

경제와 놀아보기로 했다

어렸을 때부터 저축만 하고, 용돈, 생활비만 기록했을 뿐 시장경제까지는 관심을 두지 못했다. 다른 세상에 살고 있었던 모양이다. 직장인이 되고서야 주변 동료들이 추천하는 펀드에도 관심을 가졌고, 봉쥬르 차이나 펀드에 가입하여 50% 수익률까지 행운을 맛보기도 했다. 마흔이 되기 전까지는 읽어본 재테크 책이라고는『4개의 통장』,『당신이 속고 있는 28가지 재테크의 비밀』이 전부였다. 그만큼 공부를 안 하고 지냈다. 경제 신문을 읽거나, 경제 서적을 찾아본 적도 없다. 마흔이 되어, 우연히 재테크 책 한 권, 재테크 강의를 들은 후 조금씩 경제와 놀아보기로 했다. 『EBS 다큐프라임 자본주의』을 통해, 돈, 소비, 금융지능, 철학자들, 국가와 은행에 대해서도 배웠다. 신혼집을 구할 때는 빚을 내면 안 된다는 생각을 가졌었다. 우리 부부가 가진 현금으로만 집을 얻어야 하는 줄 알았다. 나이 마흔이 되어서야 좋은 부채가 있다는 사실을 알았다. 이자보다 더 많은 수익을 낼 수 있는 좋은 부채가 있었다니…. 집을 살 때 부채를 통해 더 좋은 환경에 있는 좋은 집을 살 수도 있다는 걸 몰랐다. 한 달에 벌어들이는 수입 대비 감당할 수 있는 이자라면, 좋은 대출로 활용할 수 있다는 걸 아무도 가르쳐주는 사람이 없었다.

경제와 놀아보기로 했다. 먼저 오건영의『부의 시나리오』를 평단지기 독서법으로 읽었다. 매일 책에 나오는 그래프나 인용된 사이트의 출처를 찾아보며 DIY 실행 독서법으로 경제 공부를 시작했다. 경제에 관심을 가지고, 나만의 데이터를 천천히 쌓아갔다.

2020년 평단지기 독서는 레이 달리오의『원칙』으로 정했다. 레이 달리오는 책에서 자신의 성공이 천재적 능력 때문이 아니라 원칙을 지킨 덕분이라고 소개하고 있다. 투자의 가장 기본은 나만의 원칙을 만드는 것부터다. 자칫하면 주변 환경에 원칙이 흔들리는 경우가 많기 때문이다. 감정에 휘둘리지 않고, 일관성 있게, 꾸준히, 객관적으로 시장을 바라보기 위해서는 경제경영서 관련 독서를 평단지기 독서법으로 하면 좋다. 책의 내용을 천천히 내 것으로 만들어가기에 충분했다. 허영만의 자수성가한 100명 이상의 알부자들 이야기인『부자 사전 1, 2』에 따르면, 부자들의 독서량이 상당했다. 100명 중 43명 정도는 1년에 5~10권씩 읽은 사람들이었다. 대부분 경제경영과 주식 투자 관련 책이다. 경제적 사이클을 이해하고 능력 있는 투자자로서 더 많은 이익을 낼 수 있기를 바란다.

경제를 배우기 전과 경제를 배우고 난 후는 다르다

워런 버핏조차 젊었을 때보다 65세가 되었을 때 지금 자산의 95%가 쌓였다고 하듯이 앞으로 20년 뒤, 30년 뒤를 바라본다. 노후에 돈을 벌어들이는 속도가 급속하게 늘어날 거라 믿는다. 적금이나 예금을 시작했다. 시장금리를 비교했다. 애플 주식을 샀다. 애플의 대차대조표를 읽었다. 전세나 매매를 찾았다. 아파트 수요와 공급의 법칙을 배웠다. 달러를 샀다. 환율이 올랐다. 채권에 투자했다. 국채금리도 배웠다. 휘발유를 주유했다. 국제유가가 올랐다. 세계 경제가 모두 내 돈과 연결되어 있다.

매일 시장지표에 관심을 가지면 온종일 경제와 함께할 수 있다.

완벽하기보다 부족하더라도 자본주의 속 경제와 빨리 놀아보는 습관을 지녀보는 게 낫다. 사람은 밥 먹기 전과 밥 먹은 후가 다르다. 화장실 가기 전과 화장실 다녀온 후가 다르다. 돈을 벌기 전과 돈을 번 후는 다르다. 경제를 배우기 전과 경제를 배우고 난 후는 다르다. 어떤 경제 활동을 하든 부자 시스템을 만들어가는 데는 시간이 걸린다. 하지만 사소한 변화를 시작으로 부자가 되는 기회를 높이는 가장 큰 가능성이며 희망이다.

함께보면 좋은 영상 및 자료

① EBS 자본주의 제작팀, 『EBS 다큐프라임 자본주의』, 2013
  – 1부 돈은 빚이다. "금융 자본주의"
    : https://www.youtube.com/watch?v=JCSo1K4rm0l
  – 2부 소비는 감정이다.
    : https://www.youtube.com/watch?v=Jswkll5vrBk
  – 3부 금융지능은 있는가?
    : https://www.youtube.com/watch?v=Iu-w6STAz64
  – 4부 세상을 바꾼 위대한 철학자들
    : https://www.youtube.com/watch?v=LaGYPiGXynU
  – 5부 국가는 무엇을 해야 하는가?
    : https://www.youtube.com/watch?v=Wb5uMm4C6lk
② Ray Dalio, "How The Economic Machine Works" 2013
③ 경제 금융 용어 700선, 알기 쉬운 경제 이야기(일반인), 한국은행, 2020년
    https://bit.ly/3zbgHAk

8

자신만의 길을 찾는다

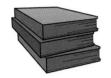

분명 확증편향이다

틀렸다. 정답인 줄 알았는데 정답이 아니었다. 신문을 보고, 책을 읽고, 강의를 들을 때마다 보고 싶은 것 위주로 보였고 듣고 싶은 것만 들렸다. 분명 확증편향이다. 왜곡된 정보 속에서 사실 여부를 확인하지 못하고 있었다. TV 광고에서나 전문가들 이야기도 각자에게 유리한 경우만 보여준다. 보이지 않는 걸 굳이 말하지 않았다. '왜 이 시기에 해당 주제가 다뤄질까? 누구에게 이익이지?' 하는 질문을 평소에 되짚어볼 필요가 있다.

경험이 쌓일수록 더 많이 보인다. 부동산 투자할 때도, 주식 투자할 때도 시작할 때는 모르는 게 훨씬 많다. 모든 게 낯설다. 그러나 한 번이라도 보았거나 들어본 용어는 다른 책에서, 다음 날 신문에서, 방송에서, 강연에서 하나둘 보이기 시작했고, 들리기 시작했다. 분명 같은 내용인데, 어제 본 것과 오늘 보는 것, 내일 보는 게 다르다. 좋은 책이라면 두 번, 세 번 이상 같은 책을 다시 읽는 이유가 된다. 사람들은 각자 다르게 살아왔다. 다른 경험을 쌓았다. 읽은 책도 달랐고, 투자한 분야도 달랐으며, 부자가 되는 방법도 다양하다. 그러므로 한 사람의 성공 방법이라고 해서 다른 모두에게 정답이 되지는 않는다. 사람마다 태어난 환경, 자라난 환경, 직장, 성격, 보유자산, 가족 구성원 등이 다르다. 나의 원칙에 맞는 부자가 되는 방법을 스스로 찾아야 하는 이유다.

다른 새로운 세상이 나를 기다리고 있었다

노후를 대비하기 위해 부동산 공부를 시작했다. 생활환경, 자산 상태, 건강 상태를 처음엔 고려하지 못했다. 그냥 책을 읽었고, 무언가에 홀린 듯 재테크 카페를 흘러 들어갔다. 카페 활동도 조금씩 적극적으로 활동 영역을 넓혀갔다. 부동산 강의를 처음 들었을 때, 1년 정도 지나면 여기 남는 사람이 5% 정도뿐일 거라고 했다. 대부분 중간에 포기하고 일상으로 돌아간다고 말이다. 사실이었다. 함께 시작했던 사람들이 어떤 사유인지 시간이 지나 사라져갔다. 나는 포기하지 않겠다는 마음으로 살아

남기 위해 더 열심히 강의를 수강하고, 후기도 차곡차곡 남겼다. 남은 동료들을 쫓아서 전력 질주하기도 했다. 그런데 한 살 더 먹을 때마다 조금씩 힘에 부치기 시작했다. 평단지기 독서법을 통해 멈추는 시간 동안 고민을 시작했다. 재테크 공부를 시작한 지 3년이 지났을 때, 언제까지 이렇게 지속할 수 있을까 하는 생각이 문득 들었다. 여기 온 사람들 입장이 모두 다를 수 있다는 생각이 그제야 들었다. 남과 달라야 했다. 조금씩 카페 활동을 줄이며 홀로서기를 준비했다. 또 다른 새로운 세상이 나를 기다리고 있었다.

하루 5~10분 새로운 아침마다 읽는 평단지기 독서법은 몇 페이지 되지 않지만 매일 반복했더니 결국 책 한 권을 끝냈다. 하루에 조금 읽기로 했을 뿐이다. 2021년 한 해 동안 평단지기 독서법으로 읽은 책만 25권이다. 아무리 두꺼워도 '읽다 보면 언젠가 끝이 나 있겠지.'라는 마음으로 첫 페이지를 펼친다. 독서, 딱 1년만 하고 끝낼 수 없다. 워런 버핏이나 빌 게이츠처럼 책을 꾸준히 읽기로 다짐했으니 스스로 번아웃 되지 않도록 조금씩 나눠 읽는 게 중요하다. 평단지기 독서법은 조금씩 책을 익숙하게 만들어준다. 책 읽는 시간도 적절하게 자신에게 맞는 시간대로 조절하면 된다. 재미있는 부분이 나와도, 다음 내용이 궁금해도 그냥 멈춘다. 책에서 읽은 내용을 실천하는 시간이 필요하기 때문이다. 잘 이해되지 않아 넘어가지 않는 부분도 한 페이지를 더 넘겨 목표를 채운다. 어느새 마지막 페이지다.

길은 하나가 아니다

늦어도 괜찮다. 명확한 목적지를 내 마음의 내비게이션에 입력해 두었다. 성공 지점에 결국 도달할 거라는 걸 알았다. 포기하는 것보다는 천천히라도 한 걸음씩이라도 걸어가면 목적지에 도착한다. 내가 정한 나만의 원칙대로 목적지를 향한 경로를 정하기만 하면 된다. 각자의 우선순위는 다르다. 일찍 도착하는 사람이 물론 부러울 수 있지만 나와 다른 우선순위를 가진 사람이기에 굳이 같은 코스로 갈 필요가 없다. 조급함을 내려놓았다. 아주 느렸다. 끈기는 충분했다. 이 글을 읽는 독자도 자신의 코스를 만들면 된다. 실수할 수도, 실패할 수도 있다. 대신 다시 시작하여 성공할 때까지 시도하면 결국 성공을 만난다.

운이 나쁘다고, 운이 좋다고 말하는 대신 어떤 환경에서도 살아남는 부자가 되는 공부를 하고 싶었다. 달려가고 싶었지만 달릴 수 없었다. 버티는 힘이 달랐고, 보폭도 달랐다. 나만의 보폭으로 평단지기 독서법을 시작했다. 여행 코스는 직접 설계한다. 열정을 따라 무작정 쫓는 대신 나의 호흡법을 찾아 걷는다. 앞에 가던 사람들도 목적지에서 결국 만난다. 잠시 멈추게 해주는 평단지기 독서법은 나에게 물음표 던지는 시간이었다. 이 여행 코스뿐인가? 오늘만 날인가? 중간중간 쉬었다 가도 되는걸. 다시, 한 걸음 내디딘다.

목적지는 같지만 가는 길은 하나가 아니다. 나를 존중하는 '과정'에서 스스로 정한 길을 찾아 나선다. 내가 되고 싶은 부자는 나의 선택을 통해서 결정된다. 남이 만들어놓은 여행 코스로만 지나다닐 필요 없듯이 말이다. 부자 공부의 시작은 내가 가고 싶은 목적지를 먼저 정하고, 여행 지도를 펼치는 것부터 시작이다. 미리 정해둔 정답은 없다. 내가 정하는 길이 바로 정답이다. 어쩌면, 가다가 문득 목적지를 바꿀 수도 있고, 지금 머무는 그곳이 좋아 멈출 수도 있으니 말이다.

지금 이 순간 누리는 행복은 '다음의 행복'과는 확연히 다르다. 5년, 10년, 20년 후 후회하지 않을 과거의 내 모습은 바로 지금의 '나'이다. 행복은 아끼는 게 아니다.

제 5 장

어서 오세요,
진짜 행복한 삶에 이르는
평단지기 독서

"'여유'다. 빈틈없이 살지 말고 빈틈을 만들어가며 살아야 한다."
−『보도 섀퍼의 이기는 습관』, 보도 섀퍼

'여유'를 찾고, '빈틈'을 갖기로 마음먹는다. 1년이 지난 지금 다시 무언가로 채워나가고 있는 나를 발견한다. 아직 해야 할 일이 많지만, 오랜 시간 삶을 제대로 살아가기 위해서는 '자기 주도적인 삶'을 살아야 한다. 1분 1초에 쫓겨 시간이 주도하는 삶을 살고 있지는 않은지 천천히 생각해볼 시간이 다시 찾아온 것이다.

1

그럴 수 있지, 기브 앤 포겟give & forget이다

그럴 수 있지…

우리 집 공부방에는 높낮이 조절되는 모션 컨트롤 책상 두 개가 나란히 있다. 처음 이사를 올 때 책상에서 앉아 있는 시간이 많은 남편에게 스탠드 책상을 마련해주고 싶었다. 가격이 비싸서 일단 남편 책상만 60만 원 정도 주고 샀다. 그러자 남편은 본인만 좋은 걸 쓰고 있다는 미안함에 내게도 같은 책상을 마련하라고 권유했다. 그럴 수 있지. 남편 성격은 내가 잘 알고 있으니 말이다. 남편은 다른 사람에게 신세를 지면 무척 미안해하는 성격의 소유자다. 혼자 스탠딩 책상을 쓰고 있는 남편이 계속 마음 불편해할 것 같았고, 나도 공부를 시작하면서 오랫동안 책상에 앉아 있는 시간이 길어져서 결국 내 것까지 모션 컨트롤 책상을 하나 더 장만했다. 같은 공간에서 각자의 책상 앞에서 우리는 말없이 몇 시간을 보내기도 한다. 각자 자기가 좋아하는 것 하느라 둘 다 정신없이 바쁘기 때문이다. 책상에 오래 앉아 있다가 허리가 아픈지, 남편이 버튼을 눌러 책상을 높여 스탠드로 자세를 바꾼다. 그럼 "나도 높여야겠다." 하면서 책상을 높이고는, 하던 일을 계속한다. 그렇게 따로 또 같이 보내는 시간이다. 각자의 커뮤니티나 기사를 보다가 공유하고 싶은 내용이 생기거나, 책을 읽다가 좋은 문장이 나오면 서로에게 공유도 자주 한다. 다만 받아들이는 태도는 다르다. 각자의 상황은 분명 차이가 있었다.

"여보, 이것 좀 봐요. 서평단 모집하는데, 한번 해볼래요?"
"좋으면, 자기가 해 봐."
"여보, 이 책 읽고 공부 좀 해서 나 좀 도와주면 안 될까?"
"나 이것 좀 보면 안 될까? 집중이 안 돼."

책을 읽거나 커뮤니티 글을 읽다가도 재밌는 이야기가 생기면 옆 사람에게 말하고 싶어지는 게 사람이다. 나는 가끔 혼자 중얼중얼하기도 하고, 강의를 들을 때는 사실 이어폰보다 스피커로 듣는 걸 더 좋아한다. 반면 남편은 스피커는 절대 사용하지 않는다. 이어폰을 항상 귀에 꽂고 있다. 음악도 혼자 듣고, 유튜브 채널도 혼자 보며 웃고 그런다. 그러니 내게도 이어폰으로 듣는 게 좋겠다고 권한다. 그럴 수 있겠다. 그제야 볼륨을 줄이거나 이어폰을 꽂는다. 공유해준 링크를 한번 보라고 몇 번씩 이야기해야 남편은 그제야 제목을 슬쩍 클릭한다. 반대의 경우도 있다. 남편도 가끔 읽어보라고 링크를 나에게 공유해준다.

"내가 보낸 거 봤어?"
"뭔데? 좀 이따 보면 안 돼?"
"거봐, 자기도 안 보네."

마찬가지로 내가 바쁠 땐 나도 그랬다. 가끔 남편이 공유해준 링크를 무시한 날은 내가 미안해진다. 한편으론 성격이 비슷해 보이기도 하지만 한편으로는 완전히 다르다. 앞에서 소개했듯이 나는 함께하는 걸 좋아한다. 운동도 같이 배우면 좋겠다. 산책도 같이 걸으면 좋겠다. 그냥 같이 배우면 좋겠다고 조르는 경우가 많았다. 반대로 남편은 산책하더라도, 운동할 때도, 배우는 것도 각자 스타일이 다르다는 주장이다. 각자주의다. 맞는 말이긴 하다.

한동안 매일 만 보 걷기 운동을 했다. 그래도 혹시나 하는 마음에 한 번 정도 "같이 갈래요?"라고 슬쩍 물어보고 반응이 없으면 이제는 주저 없이 혼자 산책하러 나선다. 서운함이 사라졌다. 혼자 이어폰을 꽂고 강의를 듣거나, 책을 오디오북으로 들으며 걸으니 내게 더 집중하는 시간을 가진다. 가고 싶은 곳도 여기저기 경로를 변경해서 마음대로 다닐 수 있다. 서점에도 다녀오고 공원 산책하러 가기도 하고, 한강 쪽으로 나가기도 하고, 동네 한 바퀴도 돌아본다. 언제든 가고 싶은 곳을 둘러볼 수 있었고, 운동시간도 자유로웠다. 그래도 요즘은 "같이 갈까?" 하면 함께하는 경우가 늘었다. 손 꼭 붙잡고 함께 대화하며 걷는 시간도 참 즐겁다. 나와 남편이 다름을 인정했다. 이제는 '그럴 수 있지.'라는 생각으로 자연스레 받아들인다. 다름을 인정하는 순간 마음의 평화가 찾아온다.

세상 사람들 모두가 각자 세상의 중심에서 살고 있다

한동안 나보다 타인의 영향을 많이 받았던 적이 있었다. 하루하루가 스트레스였다. 동료들과 대화하는 것도 불편했다. 당시에는 왜 그런 상황이 되었는지 이해할 수 없었다. 삶에 지쳐 있던 날, 우연히 고개를 돌려 책 속으로 한 걸음 내디뎌 보았다. 새로운 빛이 있었다. 진정한 독서의 의미를 찾았다. 한 문장씩 눈과 귀, 나의 마음속에 콕콕 박혀 들었다. 점차 긍정적으로, 마음의 평화가 찾아왔다. 제2의 인생을 준비해야 하는 시기였다. 그동안 나와 거리가 멀었던 인터넷 세상의 존재도 발견했다. '그럴 수 있지….'라는 생각의 전환으로 변화가 시작되었다.

세상의 중심에는 늘 내가 있다고 생각했다. 그런데 그게 아니었다. 인생의 중반이 되고 나서야 알게 된 사실은 세상 사람들 모두가 각자 세상의 중심에서 살고 있다는 사실이다. 나와 타인을 분리하여 생각해보니 불편해진 상황이 조금씩 이해할 수 있었다. 그럴 수 있었다. 생각을 바꿨더니 내 삶에도 새로운 행복이 다시 차오르기 시작했다. 나를 찾기로 했다. 먼저 잘못했다고 사과했다. 그러자 모든 게 풀어졌다. 그 후 불편하던 관계는 사라졌다. 이 모든 과정에 평단지기 독서는 내게 꾸준함과 용기를 더해주었다.

'기브 앤 테이크give & take' vs. '기브 앤 포겟give & forget'

이야기하고 나누고 싶은 것들이 생기면 가족이나 주변에 알리고 싶어진다. 그럴 때는, 그냥 정보를 나눠준다는 마음에서 끝내야 한다. 그걸 받아들이는 사람들로서는 다른 감정을 느낄 수도 있다. 그렇다면 내가 할 수 있는 것은 주기만 하는 것이다. 즉, '기브 앤 테이크' 대신 '기브 앤 포겟'이다. '그럴 수 있지…. 기브 앤 포겟' 이렇게 살아갈 때, 나만의 속도로 나의 삶이 행복해진다.

우리 엄마는 사람들에게 선물하는 걸 참 좋아한다. 작은 선물이든, 큰 선물이든 사람들에게 나눠주는 자체를 즐기기도 하지만, 대신 상대방에게는 꼭 "고마워요."라거나 "이거 진짜 좋아.", "이것 진짜 맛있다."라는 말을 듣고 싶어 한다. 언니에게 택배를 보냈는데, 아무 전화가 없다고 내게 이야기하길래 그냥 잊어버리라고 말했다. "선물은 주면 끝이지."라고 설명해보지만 여전히 속상해한다. 주는 태도는 주는 것에 대한 마무리가 필요하다. 받는 사람은 받는 사람만의 권한이 있는 것이다. 싫어하기도 좋아할 수도 있는 거다. 그럴 수 있지. 사랑하는 사람이나 고객, 친구들에게 선물을 하고 싶으면 마음껏 해도 된다. 대신, '기브 앤 포겟'을 기억하길 바란다. 더 이상 속상하거나 억울하지 않은 방법이다. 나눔의 기쁨만 챙기면 된다.

상대방에 대한 기대감이 크면 늘 실망도 커진다. 나와 상대방의 사고방식이 항상 같을 순 없다. 상대방이 틀린 것이 아니다. 다른 것이다. '그럴 수 있지.' 하고 생각해보자. 그거면 충분하다. 서운한 감정 대신 과감하게 다름을 인정하면 '삶'에 진정한 행복이 깃든다. 평단지기 독서법으로 나의 철학을 세우니, 다른 사람 중심의 세상에서도 절대 흔들리지 않는다.

2
감사하고 만족한 하루가 인생을 행복하게 한다

평범함, 그 자체가 축복이다

눈을 떠보니 머리가 무겁다. 눈과 얼굴도 퉁퉁 부었다. 산소마스크를 쓰고, 소변줄을 꽂고, 물도 마실 수 없었다. 주치의가 침대 옆으로 다가와 물었다.

"환자분, 이름이 뭐예요?"

"이, 윤, 정."

"이윤정 씨, 몇 살이에요?"

"열일곱이요."

"여기가 어딘지 알아요?"

"병원이요."

의사 선생님은 뇌 종양 제거 수술을 막 끝낸 환자 상태를 파악하기 위해 환자에게 계속 말을 시킨다. 아직 전신 마취가 덜 깨어 계속 졸렸다. 졸리는데 자꾸 뭘 물어본다. '어휴. 인제 그만 물어보지.'라고 생각했다. 시간이 좀 지나면서 정신이 조금씩 돌아왔다. 입이 바싹바싹 마른다. 중환자실에는 보호자가 항상 대기하지 못한다. 간호사가 잠시 옆으로 와서 거즈에 물을 살짝 묻혀서 입에 물려줬다. 거즈에 적신 물 정도로 입만 축이라고 했다. 찝찌름한 물맛이다. 아직 물을 마실 수 없는 상태라 갈증을 느껴도 물을 마실 수가 없었다. 시간이 지나고 조금씩 회복되기 시작했다. 마취가 풀리기 시작하니 머리 부분이 지끈거리고 아팠다. 진통제를 다시 맞았다. 몇 시간 뒤 산소마스크를 벗었다. 마스크 없이 혼자 숨을 쉰다. 시원하다. 이제는 스스로 물도 마실 수 있다. 벌컥벌컥 시원한 얼음물을 마음껏 마시고 싶지만, 아직은 미지근한 물 한 모금도 감사하다. 소변줄이 꽂혀 있어 화장실에 갈 필요 조차 없다. 며칠이 지난 후 마지막으로 소변줄을 제거했다. 시원함을 말로 표현하기 어렵다. 중환자실에 있어도, 이제 멀쩡하다. 움직이는 것도 자유롭다. 먹고 싶은 게 하나씩 생각났다. 갑자기 콜라가 그리워졌다.

"엄마, 나 콜라 마시고 싶다."

갑자기 웬 콜라냐고 하며 엄마는 그냥 중환자실 밖으로 나갔다. 나의 끈질긴 콜라 요구에 의사 선생님의 허락을 받아냈고, 엄마는 작은 콜라 두 캔을 사 오셨다. 톡 쏘는 콜라가 목젖을 타고 식도, 위까지 주르륵 내려가는 짜릿함이 느껴졌다. 중환자실이 안방같이 편해졌지만, 할 수 있는 게 없었다. 계속 병상에 앉았다 누웠다 하며 다른 중환자들 상황만 지켜봤다. 벌써 중환자실 두 달째다. 일반실로 옮기려고 컨디션을 점검했지만, 한동안 소변 조절에 문제가 있었다. 다행히 소변을 자주 보는 일 말고는 멀쩡했다. 소변 측정도 간호사 대신 내가 수치를 기록할 정도였다. 아르바이트 비용이라도 받아야 할 정도로 말이다. 그만큼 할 일이 없이 시간만 보내고 있었다. 이제는 밖에서 먹던 사소한 불량식품들마저 계속 생각났다. 짜파게티, 라면이 중환자실에서 먹고 싶어질 정도였다. 면회 시간을 제외하고는 중환자실 보호자는 밖에서 대기한다. 엄마는 중환자실 밖 휴게실에서 딱딱하고 긴 의자를 두 달씩이나 지키고 있었다. 아침, 점심, 저녁 식사 시간에 맞춰 잠시 중환자실에 들어왔다가 밥을 다 먹으면, 다시 보호자 대기실로 얼른 나갔다. 조금 늦게 나가면 누울 자리를 놓치기 때문이었다. 드디어 일반 병동으로 옮겼다. 그리고 다시 한 달을 꽉 채우고서야 드디어 병원 밖으로 나와 우리 집으로 돌아왔다. 평범한 사람으로 일상을 살아간다는 것. 평범한 사람들은 그 사실을 모르고 산다. 그래서 늘 불평이다. 평범함, 그 자체가 축복이다.

감사함을 하나의 업무로 만들다

2024년이 되면 수술한 지 30년 차가 된다. 약만 잘 챙겨 먹으면, 평상시엔 일반인과 다를 바가 없다. 고등학교 4년, 대학 4년, 대학원 6년. 학교를 오래 다녔다. 직장 일에 몰입하며 정신없이 보냈다. 수술하고 나와서 느끼던 감사함의 순간조차 놓치고 살 정도로 전력 질주하며 살았다. 직장에서 처음 느껴본 이상한 인간관계의 기류가 나를 멈추게 했다. 주변 동료들에게 협조받아 처리해야 하는 일도 한마디 말을 건네는 것조차 눈치가 보였다. 아니, 자존심 때문에 사실 물어보지도 않았던 것 같다. 『한 줄의 기적, 감사일기』라는 책을 읽었다. 과거 수술했던 순간이 기억 깊숙한 곳에서 다시 떠올랐다. 수술 후 내가 겪었던 상황들이 하나하나 다시 생각났다. '아! 그래, 지금은 그 당시에 비하면 지금은 진짜 감사하지.'라는 생각이 절로 들었다. 혼자 숨을 쉰다는 것에, 혼자 물을 마신다는 것에, 혼자 화장실을 간다는 자체로 충분히 감사하고 행복한 순간이었다. 지금의 상황은 아무것도 아니지. 감사하는 마음을 다시 갖고 풍요를 채워보기로 결심했다. 그렇게 직장에서 감사함을 강제로 찾기 시작했다. 퇴근하기 5분 전, 엑셀 표 하나를 간단히 만들었다. 열두 명 팀원들의 이름을 엑셀 표에 순서대로 적었다. 오늘 만난 사람들과 만나지 못한 사람들 이름을 모두 적었다. 한 사람씩 떠올렸다. 오늘 하루에 있었던 감사한 내용을 남기기 시작했다. 첫째 날, 솔직히 뭘 적나 싶었다. 고민하다가 다음과 같이 적었다.

- 팀장님이 아침 주간 회의를 생략한 덕분에 다른 업무 할 수 있어서 감사합니다.
- 김 선임이 여행 간 덕분에 즐거운 기운이 전파되어 감사합니다.
- 김 책임, 박 선임, 이 선임이 함께 출장 간 덕분에 사무실이 조용해서 감사합니다.

매일 퇴근할 때마다 파일을 열어 감사한 일을 기록했다. 일을 도와주지 않았어도, 그 덕분에 스스로 생각하고 해결할 수 있다는 걸 보여 줄 수 있어서 감사했다. 혼자 해야 하는 업무를 준 팀장에게도, 마음대로 일정을 조정할 수 있어서 감사했다. 동료들과의 수다 타임 대신 혼자만의 시간을 가질 수 있어서 고마웠다. 급여를 주는 회사 덕분에 먹고사는데 지장 없음에 감사했다. 유연근무 출퇴근을 활용할 수 있어서 눈치 보지 않고 일찍 출근하고 일찍 퇴근을 할 수 있어서 감사했다. 하루가 지나고 이틀, 사흘…. 하나라도 감사한 마음을 기록하기 위해 단점 대신 장점을 보기 시작했다. 사람들이 관심 두는 것까지 기록하기도 했다. 평소에는 한 번 들으면 잊어버리는 게 일상이었다. 관심이 없었을 땐 같이 공통

된 이야기를 나눌 일도 없었다. 어떤 날엔 지난번에 물었던 같은 질문을 다시 물어보기도 할 정도로 다른 사람에게 깊은 관심을 보인 적이 드물었다. 사람들은 자신에게 관심 가져 주는 사람들에게 반응한다. 가끔 지나가다 복도에서 우연히 만나는 사람에게 기억저장소에서 꺼내 구체적인 감사 인사를 전하고, 지난주에 병원 다녀온 아이는 어떻게 되었냐고 물어보기도 하고, 조카 잘 지내냐고 물어보기도 했다. 그러자 조금씩 내 마음속 깊은 빗장과 사람들의 빗장이 조금씩 풀리기 시작했다. 풍요로운 감정이 조금씩 채워지기 시작했다. 동료들의 감사일기를 적은 지 6개월이 지났을 즈음, 감사한 마음을 갖는 게 자동 습관이 되었다. 회사에서 좋지 않은 일이 생겨도 모든 상황에 '그럴 수 있지.'라는 초연한 마음과 '덕분에'라는 감사의 마음이 절로 들었다.

처음엔 억지로라도 감사함을 갖기 위해 시작했던 일. 감사함을 하나의 업무로 만들었다. 그러자 감사일기는 습관이 되었다. 시간이 지나면서 진심으로 한 명 한 명의 동료들이 고마워지기 시작했다. 마음도 편안해졌다. 기분도 좋아졌다. 한동안 평단지기 독서법으로 데일 카네기의 『인간관계론』을 조금씩 나눠 읽으며, 직장에서 시도할 오늘 행동을 하나씩 정해 출근하기도 했다. 물론, 직장에서 하나씩 실천해나갔다. 복도에서 만나는 선후배에게도 "감사합니다."라고 마음을 다해 표현한다. 상대방에게서 반사적으로 "감사합니다."라는 말을 자연스레 받는다. 오며 가며 만날 때마다 미소로 웃어주었다.

나에게 주는 셀프 칭찬이 필요하다

요즘은 나에게도 감사함을 표현한다. 사람들은 사실 혼자 있어도 타인의 영향을 많이 받으며 산다고 했듯이, 상대방만 칭찬하다 보면, 오히려 자존감이 가끔 낮아질 수 있다. 이때, 나에게 주는 셀프 칭찬이 필요하다. 미국 영어 회화를 배울 때 'Two thumbs up'이라는 어휘가 마음에 쏙 들었다. 최고, 강추, 양손 엄지를 들어 추천한다는 뜻이다. 한 손 대신 양손으로 엄지척. 보기만 해도 기분이 참 좋다. 마침 스탬프 코너에 사자 모양의 '참 잘했어요' 도장이 눈에 확 들어왔다. 어느 순간 내 손에 쥐어 있었다. 책상 위에 노트형 다이어리가 항상 펼쳐져 있는데, 양손 치켜세우고 활짝 웃고 있는 사자가 여기저기서 잘했다고 응원해준다. 오늘도 '참 잘했어요' 도장 하나를 찍어본다.

평범한 삶이 얼마나 축복인지는 아파본 사람만이 안다. 당연하다고 생각한 것들이 사실은 당연하지 않은 것들이다. 신경 쓰지 않아서 그저 놓치고 있을 뿐이다. 감사합니다. 고맙습니다. Thank you. 지금의 모든 것이 감사합니다. 지금 이 순간 주변에서 감사함을 발견하는 것, 만족한 하루가 인생의 행복이다. 이 순간 인생의 행복은 바로 나의 성장이다. 거울 앞에서 엄지를 추켜세우며, 뒤센의 미소를 활짝 보여주길 바란다.

3

100% 만족, 욕심을 멈춘다

지금 나 병원 좀 데려다줄 수 있어?

회사에서 근무하고 있는데 남편에게 전화가 왔다.

"여보, 나 가슴에 통증이 있는 것 같아⋯. 지금 나 병원 좀 데려다줄 수 있어?"

1년간 나 혼자 미국을 다녀오는 동안 남편은 프로젝트에 투입되어 매주 강원도 산골로 출장을 다녔다. 주변에 식당도 별로 없었고, 밥 먹는 시간도 불규칙했다. 주말에 집에 와서도 밀린 집안일을 하느라 쉬지 못했다. 남편은 정신적, 신체적 스트레스가 시나브로 쌓이고 있었다. 그러던 어느 날, 남편에게 통풍이 생겼다. 갑자기 발이 아파 걷지 못했다. 병원에 데려갔다. 약을 처방받았다. 살코기 한 점 남기지 않을 정도로 닭뼈만 오롯이 남기고 살을 깨끗이 발라 먹는 치킨을 사랑하는 남편이었다. 이제 치킨도 자유롭게 먹을 수 없다. 맥주도 못 마신다. 버섯, 시금치, 등 푸른 생선 등 건강 음식이라도 퓨린이 들어간 음식은 더 이상 마음 편히 먹을 수 없다. 신체에서 나타난 이상 신호들로 남편은 더 힘들어했다. 잠시 쉬는 게 도움이 될 것 같아 4주간 회사에 병가신청을 했다. 나도 며칠간 휴가를 내고, 삼척으로 2박 3일 여행을 떠났다. 병가 중인 휴가지에서도 용역과제 담당자로부터 걸려 오는 전화에 편하게 식사할 수도 없었다. 결국 찜찜한 기분으로 집으로 되돌아왔다. 평소대로 나는 회사로 출근했다. 오전 10시 30분, 갑자기 남편에게서 전화가 걸려 왔다. '이 시간에 왜 전화했지?' 하는 생각으로 전화를 받았다. 전화기 건너편에서 남편의 목소리 대신 앓는 소리만 들려왔다.

"여보, 왜 그래? 어디 아파?"

"지금… 좀… 와줄 수 있어? 너무 아파….''

"알았어. 조금만 참고 있어. 나 지금 바로 갈게….''

팀장님에게 자초지종을 설명하고 휴가를 내고 집으로 왔다. 남편의 상태를 보니 눕지도 못하고, 앉지도 못하고 안방 벽에 기대어 서서 내가 오기만을 기다린 듯 보였다. 심각함을 그제야 제대로 파악했다.

"걸을 수 있겠어? 얼른 응급실 가자."

돈보다 건강이 우선이다

80kg을 훌쩍 넘는 남편을 겨우 부축하여 차에 태웠다. 힘이 빠진 남편의 몸무게를 지탱하면서 걸어가는데 나조차 휘청거릴 수밖에 없었다. 아산병원 응급실에 도착했다. 입구에서부터 다시 코로나 검사를 해야 했고, 겨우 검사를 마치고 응급실 안으로 들어갔다. 통풍이 여전히 있었다. 열이 났다. 가슴도 갑갑하다고 한다. 남편은 의자에 앉아 있을 수 없을 정도로 아파했다. 겨우 내게 기대어 한참을 서서 기다릴 수밖에 없었다. CT를 찍고, 몇 가지 검사를 하고 기다렸다. 진통제를 맞고서야 겨우 남편은 잠이 살짝 들었다. 진단 결과가 나왔다. 담낭에 결석이 있어서, 바로 수술이 필요하다고 했다. 신장 한쪽도 이미 기능을 못 한다는 진단도 나왔다. 요도에도 결석이 있어 시술이 필요하다고도 한다. 4주간 집에서 몸을 추스르려 했지만, 미리 예견이라도 한 듯 병원 신세를 꼬박 지게 되었다. 병원에 입원하여 응급수술로 두 군데 결석을 제거했다. 시술이라 금방 퇴원할 줄 알았지만 높은 간 수치와 고열로 퇴원이 늦어졌다. 2주간

병원 신세를 꼴딱 졌다. 퇴원 이후 한 달 정도 집에 머무르다 보니, 어느덧 4주간의 병가는 그렇게 끝이 나버렸다. 제대로 된 휴식을 취하지 못한 채 남편은 회사로 돌아가야만 했다.

갑작스러운 수술로 남편의 상태를 보니 돈보다는 건강이라는 생각을 하게 되었다. 나 또한 아파봤었기에 건강의 중요함을 누구보다 잘 안다. 몇 달 후, 우리 부부는 큰 결심을 했다. 남편이 팀장님에게 퇴직 의사를 밝혔다. 같은 회사에 근무하던 내게 남편의 팀장과 부장님이 각자 연락을 해왔다. 잠시 면담하자고 말이다. 팀장과 부장님은 남편의 퇴직보다는 1년 휴직을 권고했다. 그 말을 남편에게 전하니 남편 생각도 살짝 흔들리긴 했지만, 나는 알고 있었다. 휴직을 하게 되면 직장이 사라진다는 두려움은 없을 것이다. 대신 1년 후 회사로 돌아갔을 때 달라진 상황이 무엇일지 생각해봤다. 달라질 게 없어 보였다. 결단이 필요했다. 돈보다는 남편 건강이 우선이었다.

나는 당신이 퇴직하는 게 좋겠어

"여보, 그냥 퇴직해. 나는 당신이 퇴직하는 게 좋겠어. 1년 동안은 아무것도 하지 말고 휴직하는 셈 치고 놀아. 내가 돈 벌게."

잠시 1년 휴직할까 고민하던 남편도 내 의견에 동의했다.

"고마워, 여보. 그리고, 미안해."

2020년 12월 31일. 남편이 퇴직했다. 그동안 수고했다고, 고마웠다고 퇴직을 축하해주었다. 석촌호수가 보이는 2층 창가에 햇살이 비췄다. 음식에도 빛이 났다. 내가 퇴직하는 날 다시 오자고 했다.

남편에게 당부한 이야기가 있었다. 절대 나에게 미안해하지 말라는 것이다. 남편에게 1년 동안은 아무것도 하지 말고, 휴직하는 기분으로 쉬라고 했다. 대신 내 소원 딱 하나 들어달라는 부탁을 했다. 그동안 내가 읽어본 책 10권을 읽어달라는 부탁이었다. 남편은 그렇게 하기로 했다. 그렇게 1년이 금방 지나갔다. 남편은 부탁대로 책을 한 권씩 읽었고, 10권 중에서 5권 정도 읽었다. 그럴 수 있지. 내가 아니니까 말이다. 남편이 좋아하는 책도 읽어야 했기에 부담 주지 않았다. 책을 읽어줘서 고맙다고 전했다. 처음 10권을 선정했었지만, 한두 권씩 슬쩍 더 책꽂이에 꽂기도 했다. 그랬더니 이제는 23권이나 채워졌다. 내가 책을 읽으면서 느꼈던 감정이 있다. 그 감정을 남편도 느껴보길 바랐다. 그걸로 충분했다.

지나치게 과분한 욕심을 멈추는 것부터 시작이다

지난 수년간 건강검진을 하면 항상 나는 스트레스 수치가 남편보다 낮았다. 퇴직 이후에는 남편과 나의 스트레스 지수가 반대의 결과가 나와서 놀랐다. 가끔 내가 회사 이야기하거나, 직장에서 전화를 걸다가 회사 사람들 목소리가 들리는 경우가 있는데, 그걸 제외하고는 남편의 스트레스가 많이 줄었다. 다행이다. 통풍 때문에 음식 조절을 위해 2~3일에 한 번 LA김밥이라 불리는 김밥 재료를 작게 잘라 통에 담아두고 출근했다. 건강 챙기라고 쉬라고 했는데, 내가 출근하다 보니 식사를 제대로 챙기지 못했다. 평단지기 독서법으로 책을 읽다가 나와 가족의 삶의 우선순위에 대해 고민하는 시간을 갖게 되었다. 나에게는 가족, 건강, 믿음, 현실적인, 부 다섯 가지가 중요했다. 건강한 식사, 건강한 마음, 함께하는 시간을 갖기로 했다. 2022년 7월 1일. 우리 부부의 완전한 직장 독립기념일이 되었다.

인생의 목표는 딱 하나가 아니다. 한 가지 삶의 가치에 집중하다 보면 다른 것들은 서서히 소외된다. 목표를 달성한 후에 곧바로 새로운 목표를 향해 도전을 이어가는 마음으로는 100% 만족하는 인생의 행복을 찾기 어렵다. 여유를 갖고 누릴 수 있는 행복들이 영영 뒤로 미뤄질지 모른다. 삶의 가치를 가지런하게 성장시키기 위해서는 지나치게 과분한 욕심을 멈추는 것부터 시작이다. 돈, 시간, 가족, 건강에 대한 균형이 행복의 합이다.

남편에게 추천한 책 (23권)

4

행복은 아끼는 게 아니다

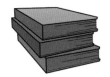

현재의 소중함을 놓치고 있구나

따뜻한 차 한잔과 책. 행복하다. 완독이다. 먼저 거울 보고 웃는다. 웃는 나를 보고 다시 미소 짓는다. 남편 손 잡고 걷는다. 함께 걸으니 기분 좋다. 순자산이 늘었다. 뿌듯하다. 몸무게가 줄었다. 몸이 가볍다. 오늘 목표/실적도 성공적이다. 수고했다. 아! 맛있다. 친정집에서 먹은 냉잇국 한 그릇에서 봄맛이 느껴진다. 강의 한번 들어볼까? 새로운 것 하나 배우니 즐겁다.

노후 파산이라는 단어가 가슴 한쪽에 꽂혔었다. 한동안 자산 불리는 방법만 찾아 돌아다녔다. 체력의 한계를 느낄 때까지 돌아다니기도 했다. 나이가 들어도 우리 부부를 챙겨줄 자녀가 없으니, 나와 남편의 노후 준비는 필수라는 생각이 앞섰다. 버킷리스트 100가지도 적어봤다. 1~2년 시간이 지나 다시 들여다봤다. 결단만 내리면 지금도 충분히 할 수 있는 것들이었다. 평단지기 독서법으로 읽은 책에서 천천히 부자가 되어도 된다는 말, 빨리 부자가 되어야 한다는 말의 차이, 부자와 인생의 현자들이 알고 있는 걸 조금씩 알아가고 있었다. 2020년 갑자기 남편이 병원에 입원하고 수술했다. 2021년 엄마가 갑자기 정신을 잃고 119에 실려 가는 모습도 지켜봤다. '너무 먼 미래만 두려워하느라 현재의 소중함을 놓치고 있구나.'라는 생각을 평단지기 독서법을 통해 깨달았다. 그러자 나의 핵심 가치에 변화가 생겼다. 부자, 가족, 건강, 신뢰, 현실적인 것에 '지금'이라는 단어의 우선순위를 높였다. 그러자 조금씩 '지금 이 순간, 현재'라는 단어가 반짝거리기 시작했다.

지금 정도면 충분하겠다는 계산이 나왔다

10년 후엔 행복할까? 업무차 경기도 이천을 다녀왔다. 출발하기 전『업스트림』을 오디오북으로 들었다. 오로지 운전과 책 소리에 집중하며 한 시간 운전했다. 주인공은 지금 물에 빠진 아이 한 명을 구하기 위해 친구와 함께 물속으로 뛰어 들어갔다. 그런데 아이 한 명이 더 있다. 잠시 후 또다시 한 명이 늘었다. 갑자기 물에 빠진 아이를 구하는 행동을 멈춘 동료가 시냇가 밖으로 나갔다. 왜 그만두냐고 물었더니, 상류로 가서 누가 아이들을 물에 빠뜨리고 있는지 원인을 찾아야겠다고 한다. 앞에 닥쳐 있는 일을 처리하느라 우리는 늘 바쁘다. 근본 원인을 해결하면 된다는 생각조차 하지 못하는 경우가 대부분이었다.

노후 파산에 대한 두려움도 그랬다. 무작정 노후가 걱정되어 지금 자산을 많이 불려야 한다고만 생각했다. 우선순위를 바꾸었다. 돈을 벌 수 있는 투자에 집중했다. 자산이 조금씩 늘어가긴 했다. 하지만 뭔가 허전함과 가족들에게 미안한 감정이 들었고, 마음이 늘 불편했다. 그러던 어느 날, 리디북스에서 『나는 더 이상 가난한 부자로 살지 않겠다』라는 책을 발견했다. 평단지기 독서법으로 읽게 되었고, 읽는 기간 동안 매일 아침 현재 자산을 점검하고, 노후에 필요한 돈을 다시 계산해 나갔다. 처음 투자 공부를 시작했을 때 노후 자금은 적어도 30억 이상의 돈이 필요하다고 나왔다. '언제 다 모으지?'라는 생각이 계속 맴돌았다. 한편으론 독서를 하면서 재테크 강의까지 들으며 조금씩 부자 되는 법을 배우기 시작했다. 복리가 좋다는 건 익히 들은 내용이지만, 돈이 적었기에 직접적으로 와닿지 않았다.

새로운 아침, 평단지기 독서법을 하면서 현재 자산이 복리로 쌓인다면 어떻게 되는지 계산을 해봤다. 복리로 늘어나는 자산과 매년 지출 비용을 제하더라도 지금 정도면 충분하겠다는 계산이 나왔다. 명확했다. 너무 무리할 필요 없겠다는 판단이 들었다. 불안의 원인이 제거되었다. 드디어 마음의 평화가 찾아왔다.

오랜만의 여유다

외근 후 일찍 업무가 끝난 날이다. 여유시간이다. 오랜만에 남편과 영화를 볼까 싶어 전화를 걸었다.

"여보, 저녁에 영화 보러 갈까? 점심은 먹었어? 가는 길에 국민떡볶이 사갈까?"

"영화는 집에 와서 이야기해. 점심에 배가 안 고파서 고구마 하나 먹었는데, 자기가 말하니까 갑자기 배가 고프네. 1인분씩 사줄 수 있어?"

수십 년째 떡볶이 맛집이라고 소문이 난 곳이다. 코로나로 인해 바글거리지는 않아도 포장하러 갈 때마다 매장엔 주문 손님이 있다. 떡볶이 1인분, 떡볶이 국물에 담근 튀김 1인분을 포장했다. 맞은편 대로변으로 둔촌주공아파트는 벌써 6층까지 훌쩍 올라와 있었다. 오랜만에 예쁜 접시도 두 개 꺼냈다. 한쪽에는 떡볶이 다른 한쪽에는 튀김을 담았다. 점심때 도토리수제비를 먹었더니 아직도 배가 꺼지지 않지만, 딱 한 개만 맛보겠다며 포크를 들었다. 남편도 떡볶이 하나를 입에 넣고는 "어때? 맛있지?!" 한다. 입에 든 떡볶이를 씹느라 고개만 끄덕이며 웃는다. 순식간에 접시 바닥이 보이기 시작했다.

결국, 영화는 다음에 보기로 했다. 대신 소화시킬 겸 호텔 라운지 음료 쿠폰을 사용하러 가기로 했다. 교보문고도 들렸다. 독서 모임 필독서로 선정된 『책벌레와 메모광』, 『남극으로 간 산책자』를 사기 위해서다. 온라인에서 책을 찾아보니 매장에는 책이 1권만 남아 있었다. 검색대에서 책 위치를 파악하고는 얼른 바로 드림으로 주문했다. 호텔 라운지는 평일이어서인지 뭔가 여유가 느껴지는 기분이 든다. 처음으로 스페셜 티를 골랐다. 남편은 아쌈 티, 나는 루이보스 바닐라 오렌지. 예쁜 찻주전자 두 개와 잔 그리고 쿠키 2개씩이 곁들여 나왔다. 인스타그램에 올리고 싶을 정도로 찻잔 속 오렌지색이 예쁘게 우려졌다. 서점에서 사 온 책 두 권도 함께 올려두고 사진도 찍어본다. 다음에 다시 와서 차 한잔 주문하고, 책 한 권을 읽고 싶다는 생각이 들었다. 오랜만의 여유다. 남편과 함께하는 시간이다. 스마트폰이나 책만 들여다보러 온 날이 아니다. 얼른 책을 가방에 도로 집어넣었다.

후회하지 않을 과거의 내 모습은 바로 지금의 '나'이다.

"5년 뒤에 당신은 뭐 하고 있을 것 같아?"

"하는 일과 하고 싶은 일은 다르다는 거 알지?"

"그럼 알지. 뭐 하고 있을 것 같아?"

"글쎄…. 자기는 있어?"

"응! 나는 책장에 책이 꽂혀 있는 내 사무실에서 여유롭게 책 읽고 있을 것 같아."

차 한 모금 마시니 루이보스 바닐라 오렌지 향이 온몸에 퍼진다. "진짜 맛있는데?!" 인터넷에서 검색해보니 로네펠트(Ronefelt) 티였다. 사진 한 장을 찍었다. 여유롭고 행복한 순간이다. 아침에는 평단지기 독서법으로 책을 읽었다. 출장을 오가면서 책을 들었다. 읽어야 할 책 두 권도 옆에 있으니 마음이 설렌다. 남편까지 든든히 옆에 있으니 오늘은 땡잡은 날이다.

쉴 틈 없이 목표만 생각하면, 아직 오지 않은 미래에 대한 걱정으로만 인생을 허비하게 될지도 모른다. '노후 자금은 얼마면 될까? 언제 퇴직하지? 아프면 어쩌지? 언제 집을 사지?'만 따지는 게 아니다. 지금 이 순간을 누리는 행복은 '다음의 행복'과는 확연히 다르다. 5년, 10년, 20년 후 후회하지 않을 과거의 내 모습은 바로 지금의 '나'이다. 행복은 아끼는 게 아니다.

여유로운 평일 오후 행복했던 날

5

멈춤과 시작의 반복이다

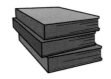

틈새 운동을 한다

훌라후프 왼쪽 돌리기. 시작! 왼쪽 손목을 들어 핏빗을 '톡톡' 친다. 오른손으로 왼쪽으로 화면을 살짝 밀어 '운동'을 누른다. 스마트폰을 열어 어제 보았던 전자책을 연다. 평단지기 독서를 위해 책을 10분 정도 읽었다. 훌라후프 오른쪽. 23분이다. 100kcal 소비 성공적이다. 요즘은 아침에 일어나면 거실로 나와 훌라후프부터 찾는다. 몇 달 동안 글을 쓰는 시간으로 바꿨더니 몸무게가 다시 찔끔찔끔 올라왔다. 몸이 무겁다. 그래서 다시 훌라후프를 시작했다. 몇 주 했더니, 배와 허리가 조금 들어간

듯하다. 책상에 앉았다. 방금 읽었던 책의 평단지기 독서법을 마무리했다. 다음 일과 시작이다.

"삑." 7시 53분. 출근하면 신분증을 찍고 현관문을 들어간다. 3층까지 한 계단, 한 계단 걸어서 올라간다. 사무실로 바로 들어가지 않고 여자 화장실로 직행한다. 아무도 없다. 세면대 위에 가방을 내려놓는다. 오른쪽으로 돌아 양손을 앞으로 내밀어 벽 위에 올려놓는다. '하나, 둘, 셋… 스물.' 벽 팔굽혀펴기. 다시 거울을 보고 돌아선다. 다리를 조금 벌려 선다. '하나, 둘, 셋… 스물.' 스쿼트. '하나, 둘, 셋… 스물.' 사이드 밤. '하나, 둘, 셋… 스물.' 스탠딩 사이드 레그 레이즈. '하나, 둘, 셋… 스물.' 튜브 밤. 끝이다. '후~우. 휴~~우.' 숨을 살짝 고른다. 가방을 챙겨 들고 화장실 밖으로 나와 사무실로 향한다. 사무실 문을 열고 들어서며 "안녕하세요~!" 인사하고는 자리에 앉는다.

8시다. 일에 집중하다 보면, 갑자기 왼쪽 손목에서 진동이 느껴진다. '벌써 9시 30분이군.' 자리에서 일어나 화장실로 간다. 거울 한번 보고, 미소 한번 지어준다. 옆으로 돌아서서 다시 손을 내민다. '하나, 둘, 셋… 스물.' 벽 팔굽혀펴기부터, 튜브 밤까지 한 세트를 다시 완료했다. 다시 자리로 되돌아온다. 1시간 30분 동안 자리에 앉아 있었다. 등과 허리가 뻐근했는데, 틈새 운동 한 세트하고 나면 스트레칭이 되고 등과 허리가 시원해진다. 이후로도 12시 30분, 2시 33분, 4시 50분마다 틈새 운동한다. 5세트를 마치면 퇴근 시간이 된다.

집이다. 운이 좋아 엘리베이터 앞 주차에 성공했다. 핏빗을 보니 7,786 걸음이다. 남편에게 전화를 걸었다. "산책하고 들어갈게요." 올림픽 공원을 4분의 1바퀴를 돌았더니 만 걸음이 훌쩍 넘었다. '허~억. 헉' 키를 꺼내 문을 열었다. "나, 왔어." 남편이 묻는다. "왜 그래?" "계단으로 올라왔어." 얼마 전 다이어트 모임에서 계단을 30층까지 걸어 올라간다는 회원 이야기를 듣고 따라 하기로 했다. 며칠 지나니 16층 계단도 이젠 거뜬해졌다. 바닥만 보고 올라가다 보면 집을 지나쳐 2~3층 더 오르는 날도 있다. 에버노트에는 건강 체크용 템플릿을 하나 만들었다. 매일 점검하면서 남편과 다른 멤버들에게 공유했다.

〈운동〉
[O]훌라후프 100kal : 23분
[O]틈새운동:
    [O]벽팔굽혀펴기 20개*5 /////
    [O]스쿼트 20개*5 /////
    [O]사이드밤 10개*5 /////
    [O]레그레이즈 10개*5 /////
    [O]튜브밤 10개*5 /////
[ ] 걷기 1만보: 7,786
[ ] 계단 20층: 7

〈음식〉
[O]홍삼 [O]비타민
[O]물500ml [O]물500ml [ ]물500ml
[O]커피 한 잔 300ml
[O]야채 한 접시
[O]단백질:견과류

건강한 다이어트 식사법

2020년 8월부터다. 블로그 이웃이 운영하는 함께하는 다이어트에 참여하면서 '틈새 운동'을 시작했다. 8kg 정도는 감량해야겠다고 마음먹었다. 나도 언제나 늘 바쁜 현대인 중 한 명이다. 운동하는 시간을 따로 내기 쉽지 않았다. COVID-19로 인해 외부 활동도 줄었고, 헬스장도 문을 닫았다. 건강한 다이어트의 시작은 관찰에서 시작되었다. 먹을 때마다 사진으로 남겨 공유했다. 몸 사진도 일주일에 한 번 찍어서 변화를 관찰했다. 그게 시작이었다. 신기하게도 다이어트를 시작했다고 말하지도 않았는데, 시어머니는 하나하나 손질해준 연근, 브로콜리, 파프리카, 당근 꾸러미 두 봉지를 어제 택배로 보내주셨다. 채소도 준비 완료다. 시작하기에 좋았다. 갓 지은 밥이라면 밥만 먹고도 살 수 있다. 그만큼 밥을 좋아했고, 옥수수도, 고구마도 좋아했다. 건강 상식을 조금씩 배워나가면서 식사 순서를 다르게 하면 섭취하는 양도 달라진다는 걸 비로소 알게 되었다. 단호박과 채소 샐러드, 올리브유, 치즈를 먼저 먹었다. 그랬더니 좋아하던 밥이 먹히지 않았다. 밥 양이 반 공기로 줄었다. 어떤 날은 밥을 남겼다. 좋아하던 옥수수도 반만 먹었다. 배가 고프면 사무실에서 과자를 찾아 먹었는데, 이제는 과자 대신 견과류 한 봉지를 뜯는다. 샌드위치도 만들어봤다. 식빵 한 쪽을 빼고, 양상추를 가득 넣은 수제 샌드위치다. 한 번도 체중 감량에 성공한 적이 없었던 나에게 기적 같은 일이 일어났다. 처음으로 체중 감량을 5kg 이상 한 것이다. 몸도 가벼워지고 자신감도 생기기 시작했다. 건강한 다이어트 식사법을 조금씩 배우기 시작했다. 벨트 안쪽 구멍을 하나 더 뚫어야 할지 고민할 정도였다.

함께하던 다이어트 모임에서 독립하여 혼자 시도해 보기로 했다. 한 달, 두 달…. 여섯 달쯤 지나니 다시 예전 체중을 향해 그래프가 움직인다. 조금씩 흐트러지고 있었다. 우선순위가 바뀌어 아침 훌라후프 돌리는 시간이 아까워 훌라후프를 멈춘 게 시작이었다. 채소를 먹으려면 매주 한두 번 채소를 사야 했는데, 자주 남겼다. 상해서 버리는 게 잦아졌다. 더군다나 맛있는 옥수수의 계절까지 왔다. 옥순이는 하루에 두 개씩 먹었다. 남편과의 외식도 늘었다. 체중은 솔직했다.

다시 시스템을 시작했다

퇴근길에 지난번에 먹던 어린잎 새싹을 장바구니에 담았다. 리코타 치즈도 샀다. 단호박도 골랐다. 다음 날 아침, 새롭게 훌라후프를 23분 했다. 어린잎 새싹, 단호박, 치즈, 견과류 한 봉지, 발사믹 식초, 올리브유 듬뿍 넣어 샐러드 볼을 한가득 만들었다. 현미밥 반 공기까지. 든든히 먹고 출근했다. 화장실로 가서 틈새 운동 한 세트까지 시작은 다시 완벽했다. 사무실에 들어섰다. 10시쯤 되었는데 살살 아랫배가 아프다. '어, 이상하다.' 장이 부은 느낌인데? 탈이 났다. 간만에 다이어트를 다시 시작했더니 금방 탈이 나버렸다. 장이 붓고, 아팠다. 몸이 무거워졌다. 다음 날 아침은 일어날 수조차 없었다. 훌라후프를 다시 멈췄다. 며칠 동안 다시 밥과 국으로 장을 다스렸다. 샐러드와 리코타 치즈는 이미 상해버렸다.

몇 주가 지나자 몸 상태가 회복되었다. 다시 시스템을 시작했다. 야채 믹스와 리코타 치즈를 다시 샀다. 샐러드를 먹기 시작한 날 이상하게 다시 배가 아팠다. '아, 이상하네. 또 그러네.' 몇 달 만에 몸 상태가 변했나보다. 올리브유나 발사믹 식초 대신 새싹에 초고추장을 뿌려 먹어보았다. 그래도 배가 아팠다. 1년 전에 괜찮았던 음식이었지만, 이제는 몸이 거부하고 있었다. 시스템에 변화를 주어야 했다. 아침에 일어나 훌라후프를 돌린다. 책을 읽고, 기록을 남기는 평단지기 독서를 했다. 블로그에 출근 도장을 찍는다. 틈새 운동도 시작했다. 점심시간에는 걸으면서 남편과 전화 통화하며 보냈다. 업무를 마치고 집에 오니 약 7천 걸음 정도 걸었다. 이 정도면 충분했다. 어린잎 샐러드 대신 브로콜리와 콜리플라워를 사서 데쳤고, 국은 건더기 위주로 먹고, 밥은 절반만 담았다.

이제는 8kg를 줄이겠다는 체중 감량을 목표로 하지 않는다. 개인마다 다이어트 방식은 다르다. 행복을 추구하고, 자유롭게, 건강한 방식으로 시스템을 직접 만들면 된다. 많이 걸을 때는 만 5천 걸음 이상을 걷는다. 보통 집에서 움직이지 않으면 저녁 때가 되어도 천 걸음이 안 되는 날이 있다. 핏빗을 들여다보고 오늘 걸음 수를 보고, 좀 심하다 싶으면 늦은 저녁이라도 운동화를 신고 현관문을 나선다. 출장을 가도 틈새 운동 5세트는 어렵다. 그래도 화장실은 들린다. 화장실만 가면 틈새 운동이 생각난다. 몸을 이리저리 움직인다. '하나, 둘, 셋… 스물.' 세트 중 한 동작을 하고 나온다.

실패는 없다. 매일 시작한다. 새로운 아침을 매일 맞이하듯 새로운 마음으로 매일 다짐한다. 그동안 해오던 걸 멈추고 있다면 다시 선택하고, 이상 신호가 느껴지면 잠시 멈춘다. 조정한다. 한 번 더 시작한다. 꾸준한 성장 시스템은 멈춤과 시작의 반복이다.

6

딱 한 번, 소중한 인생 시간이다

지금 이 순간을 소중히 쓴다

열일곱의 어느 봄날, 차가운 수술대 위에 누워 있었다. 세상과 단절된 중환자실 좁은 침대 위에서 두 달을 보냈다. 결국 고등학교 1년을 휴학했다. 삶의 속도가 1% 틀어졌다. 무척 어색하고 낯설어진 교실을 다시 찾았다. 한 살 어린 동생들과의 만남은 그렇게 시작되었다. 한 살. 그게 뭐라고 1년을 불편하게 보냈다. 대학생은 재수생이 특별하지 않지만, 고등학교 1학년 시절의 나이 한 살은 나를 소극적으로 만들었다. 친하게 지내던 2학년 친구들을 학교에서 다시 만나도 어색했다. 움츠렸던 고등학교 학창 시절이 참 아쉽다. 고등학교 동기들과 야간자율학습도 하면서 추억을 쌓았어야 했다.

20대. 같은 대학교 교정을 10년간 다녔다. 대학교 4년, 대학원 석사 과정 2년, 박사 과정 4년. 집과 학교만 오고 갔다. 단 한 번의 아르바이트 경험이 없다. 집, 학교, 도서관, 연구실만 오갔다. 4학년이 되어서야 뒤늦게 친구들을 시골집에 초대했다. 공부만 하면서 보내던 대학교, 대학원 시절이 아쉽다. 아르바이트도 해보고 여행도 많이 경험해봤어야 했다.

30대. 운이 좋았다. 첫 취업원서를 낸 정부출연연구소에 덜컥 합격했다. 입사 5년 차, 사내 커플이 되었다. 입사 10년 차, 미국 USC 대학에서 박사 후 연구원으로 1년을 보냈다. 회사 규정에만 따랐더니, 남편과 함께 할 수 없었다. 외국에 살고 싶어 하던 남편에게 좋은 기회였는데, 돈과 직장을 1순위로 여기던 30대 시절이 아쉽다. 나와 가족, 건강을 더 챙겨야 했다.

40대. 변화의 시기다. 우연히 마주한 책이 계기가 되었다. 새로운 목표를 설계했다. 제2의 인생을 준비했다. 자본주의를 배웠다. 같은 목표를 향하고 있는 동료들을 만났다. 언제든 "이번 주에 한번 볼까요?" 했을 때 "좋아요!" 하는 동네 친구들도 생겼다. 3년간 매월 책을 함께 읽고, 지금 이 순간을 나누는 골든티켓 멤버들이 있다. 밥도 굶은 채 이야기를 나눌 수 있는 찐한 독서 모임이 매달 기다려진다. 함께 재테크 공부를 시작한 동기들이 있다. 온라인 공간이지만 우리는 늘 가까이 있다. 매일 아침 평단지기 독서법으로 인사 나누고, 서로에게 도움 되는 글을 공유한다. 5년간 함께해 온 동료들의 투자 실력이 이제는 전문가급이다. 목표를 향해 우선순위에 따라 하루하루를 각자 진하게 보내는 중이다. 복리의 마법, 시간에 투자하라는 말을 오롯이 이해하게 되었다. 마흔에서야 변화를 시도했지만, 지금이 내 미래의 가장 빠른 날임을 안다. 인생에 주어진 40대, 지금 이 순간을 소중히 쓴다.

50대. 아직 5년 남았다. 아직은 내가 경험하지 못한 세상이다. 40대에 시작한 평단지기 독서법의 경험으로 사회에 도움을 줄 수 있기를 바라고 있다. 동행과 나눔에 충실하고 싶은 50대의 삶을 위해 평단지기 독서법을 꾸준히 공유하고, 50대 이후의 인생에 주어진 소중한 추억들을 하루씩 쌓아갈 예정이다.

소중한 추억

하고 싶다고 마음먹었더니, 할 수 있었다. 부모님은 막내딸이 하고 싶다는 걸 말려본 적이 없으시다. 갖고 싶은 게 있으면 어떻게든 구해주셨다. 하고 싶은 게 있다면 모두 지원해주셨다. 말 한마디면 다 이루어졌다. 나의 입장을 무조건 이해해주고 받아준 어른이 되어주셨다. 부모님 덕분에 나는 무엇이든 할 수 있다는 자신감이 생겼다.

2005년, 중국에서 개최된 학회에 갈 때 부모님을 모셔갔다. 약 40만 원 상당의 핸드폰을 중국 버스에서 잃어버렸다. 분실신고를 하러 중국 공안을 방문해야 했을 때도 든든히 동행해주셨다. 처음으로 부모님 앞에서 조서를 쓰기 위해 삼자대면으로 영어를 했다. 부모님은 핸드폰 잃어버린 것보다, 딸이 영어로 대화하는 걸 보시고 기특해하시며, 기분 좋아하셨다. 핸드폰 분실이 오히려 소중한 추억이 되었다. 미국에 있을 때 홀로 해외여행을 해본 적 없으셨던 두 분을 초대하기도 했다. 미국의 입국심사를 잘 통과할 수 있을까 내심 걱정이었지만, 입국심사 별거 아니더라고 하시며 공항을 빠져나오시는 아빠의 모습에 자신감을 느끼게 해드렸다. 지금도 가끔 중국, 미국 여행 기억을 떠올리시며 이야기를 꺼내신다. 가끔 엄마는 손 편지를 써주신다. '일평생 건강하고 겸손하게 살아라.'라고 당부하는 편지는 볼 때마다 뭉클하고, 겸허해진다.

3년 전에는 작은 형부가 심근경색증으로 갑자기 쓰러져 응급수술을 했다. 몇 주간 언니의 극진한 간호에도 눈을 뜨지 못하고, 하늘나라로 갔다. 듬직한 두 아들과 언니만 남겨둔 채 말이다. 몇 년 전에 할머니 산소 앞에 부모님과 두 명의 언니들, 두 명의 형부, 조카들 3명, 나를 포함한 남편까지 11명이 한곳에 모두 모였다. 기념으로 가족들 단체 사진을 한 장 남기자고 했다. 작은 형부가 직접 촬영했다. 가족 밴드의 대문 사진으로 지금도 사용하고 있지만, 작은 형부 얼굴이 없다. 대문 사진을 볼 때마다 남편이 한마디한다. "내가 찍었어야 했는데…."라고.

시간은 딱 생각하는 길이만큼이다

내 인생의 목표. 중요하다. 대신 가족의 목표도 함께여야 한다. 평소엔 내가 하고 싶은 대로만 하고 살았다. 남편을 만났다. 이제는 더 이상 나만 생각할 수 없다. 친정 부모님을 챙길 때, 시댁 부모님도 함께 챙긴다. 친정집에 가면, 시댁도 간다. 시댁에 선물하면, 친정에도 선물한다. 나도 소중하고, 남편도 중요하다. 내 건강을 챙길 때, 가족의 건강도 함께 챙겨야 한다. 다만, 앞에서 이야기했듯이 내가 좋아하는 것이라도 남편은 좋아하지 않을 수 있다. 그럴 때는 공동의 우선순위를 조금씩 조율해 나가면 된다.

시간은 딱 생각하는 길이만큼이다. 길다면 길고, 짧다면 짧다. 시간은 여러 개의 작은 조각으로 나뉜다. 한 구간마다 중요한 것을 채울 수도 있고, 여러 개의 시간을 뭉쳐서 사용할 수도 있다. 가족에게 안부 전화 한 통, 틈새 운동 한 세트, 독서 10분 정도는 작은 조각으로도 가능하다. 긴급하고 중요한 것이 생기더라도 바로 시작할 수 있는 여유시간도 충분히 확보하기로 했다. 해보겠다는 결단을 내리고 시도하면 된다. 신나게 살자. 적극적으로 만나자. 몰랐던 세상도 찾자. 기록하고, 조율하면 된다. 나와 가족의 소중한 인생 시간이다.

7

살아 있을 때 나누자

사회적 공헌, 동행과 나눔으로 연결된다

빌 게이츠와 워런 버핏의 주도하에 2010년 10억대 부자들은 대중에게 편지 한 장을 공개하기 시작했다. 'The Giving Pledge.' 기부 서약하는 곳이다. 사이트에는 28개국의 231명의 기부서약서가 현재(22년 3월 19일 기준) 올라와 있다. 기부서약자는 매년 증가 중이다. 우리나라의 경우 21년 2월 18일 우아한 형제들 김봉진 대표와 아내 설보미 씨 기부 서약을 시작으로, 2021년 3월 16일 카카오 김범수 대표와 아내 형미선 씨도 기부 서약을 남겼다. 두 대표 모두 처음에는 부자가 되는 것을 인생의 성공이라 생각하며 달렸다고 한다. 그러자 기대했던 것보다 빨리 목표했던 부를 이루게 되었다. 부자가 되겠다는 마음 결단이 시작이었고, 그리고 부자가 되었다. 일정 금액 기준으로 자신의 목표를 설정하고 나면, 어느 순간 자산이 그 목표와 만나게 된다. 전력 질주하여 도달한 목표다. 그런데 다음 목표가 없다면 갑자기 무력감이나 우울증이 생기는 사례들이 있다. 2022년 3월 넥슨 창업주 김정주 이사는 우울증으로 미국 하와이에서 유명을 달리했다. 상실감이나 우울증을 없애기 위해서『네 안에 잠든 거인을 깨워라』저자 앤서니 라빈스는 목표 달성 전에 새로운 목표를 계획하라고 조언하고 있다. 그 새로운 목표가 부자들에게는 사회적 공헌, 동행과 나눔으로 연결된다고 볼 수 있다.

아직은 돈 버는 방법을 더 공부하고 찾아야 할 시기다. 하지만, 어느 순간 벌어들인 수익이 평생 써도 남을 거라고 믿는다. 살아가는 동안 필요한 돈은 그중 일부면 충분할 것이다. 그 대신 살아가면서 누릴 수 있는 기쁨과 행복을 찾고 싶다. 살아 있을 때 나누기로 말이다. 나눔의 기쁨이 얼마나 즐거운지는 나눠본 사람만이 안다. 부자가 되고 나서 나누는 것도 물론 좋지만 소소하더라도, 지금 나눈다는 것, 나눔의 기쁨을 지금부터 느껴보고 싶다. 상류의 품격이란 나눔에서 시작되니 말이다.

소소한 나눔부터 시작이다

첫 급여를 받았을 때 십일조를 기부금으로 내었다. 급여의 10분의 1을 떼어내는 것이 아니라 처음부터 수령액의 10분의 9라고 받아들였기에 부담 없이 가능했다. 월급이 매년 증가해도 그에 비례하여 늘어나는 금액 또한 당연하게 받아들였다. 지난해 COVID-19로 온라인 예배를 드려서 매달 기부하지 못하고, 통장에 두었다. 결국 한 달 수입보다 많아진 돈은 연말에 한꺼번에 기부하기도 했다.

회사 동료 현이가 기부처를 찾고 있었다. 좋은 마음으로 기부했는데, 운영하는 단체에서 활동비로 사용되는 경우가 많아 고민이라 했다. 그래서 새로운 곳을 찾는 중이라고 한다. 어려운 환경에 있는 사람들까지 기부금이 전달되지 못하는 경우가 종종 있어 안타까워하면서 말이다. 현이는 최대한 활동비가 적고, 실제 도움이 필요한 곳에 많이 전달되는 곳을 찾기 시작했다. 그중 하나인 '국경없는의사회'를 찾아주었다. '국경없는의사회'를 통해 무력 분쟁, 의료 사각지대, 자연재해, 전염병 창궐 지역에 구호 활동 분야를 후원하는 중이다. 2022년 2월 러시아 우크라이나 전쟁에서도 '국경없는의사회'는 우크라이나에서 구호 활동을 벌이고 있다는 소식이 들려왔다.

아파트 단지 카페에서 연말을 앞두고 게시글 하나가 올라왔다. 군포시에 있는 지역아동센터 두 곳. 해맑은지역아동센터, 정원지역아동센터와 인연을 맺고 있다고 했다. 카페에서는 기부 릴레이를 이어가는 중인데, 일정 금액을 기부통장에 후원금으로 모아두었다가 연말에 한 번 지역아동센터에 꿈을 나눠준다. 올해는 COVID-19로 인해 특별 이벤트 같은 걸 할 수 없었다고 한다. 그래서 후원금이 모자란다고 했다. 아이들이 건강한 몸과 마음으로 성장할 수 있도록 후원을 부탁한다는 글을 읽었다. 바로 공인인증서를 찾아 비번을 눌렀다. 어렸을 때부터 경제관념을 배웠더라면 좀 더 일찍 자산을 쌓을 수 있었을 텐데 하는 아쉬움이 든 적이 있었다. 주변 아이들에게도 경제 책을 쉽게 접할 수 있도록 돕고 싶다. 살아 있을 때 나누자는 생각은 이제 내 삶의 가치 중 하나다. 어려운 환경에 있는 아이들도 경제 공부를 일찍 시작할 수 있도록 성유미의 『돈을 아는 아이는 꾸는 꿈이 다르다』, 보도 섀퍼의 『열두 살에 부자가 된 키라』라는 책을 기부하고 싶다는 생각이 들기도 했다. 책은 당장 10권이라도 살수 있었지만, 사실 누구에게 전달해야 할지 찾는 게 문제였다. 길거리에 나가서 아무에게나 줄 수도 없는 노릇이었다. 나눔도 쉽게 할 수 있는 게 아니구나 하던 찰나에 카페에 올라온 후원금 모집 글이 반가웠던 것 같다. 큰 나눔을 위해 기다릴 필요 없이 소소한 나눔부터 시작하기로 했다.

작은 소통부터 시작된다

물론 쓸 돈도 없는데 어떻게 나누냐고 하는 사람들도 있을 것이다. 살아 있을 때 나누라는 것은 돈으로만 기부하라는 것이 아니다. 알고 있는 지식을 다른 사람들에게 알려주는 것도 나눔 중 하나다. 다른 사람이 이 야기할 때 크게 공감하고 경청해주는 것도 나눔이다. 이웃 블로그에 포 스팅한 글이나 카페에 올라온 글, 유튜브 영상에서도 내게 울림이 있다 면 공감 버튼과 댓글 하나면 충분하다. 마음을 나누면 된다. 누군가에게 도움이 되었으면 하는 마음에 글과 영상을 올리는 사람들도 많다. 아무 런 대가 없이 '기브 앤 포겟' 하는 마음으로 글을 쓰는 분들이다. 블로그 나 영상을 올리는 사람들은 시간을 쪼개 살아 있을 때 나누고 있다. 그들 덕분에 좋은 영상과 좋은 글을 온라인에서 쉽게 보고 배울 수 있다고 생 각한다. 그들에게 나눠줄 수 있는 역량은 잘 듣고, 잘 보고 있다는 반응 을 보이는 거라 믿는다. 동행과 나눔을 함께 한다는 것은 작은 소통부터 시작된다.

새벽마다 혼자 책을 읽는다. 홀로 생각에 잠긴다. 오늘 할 일을 찾아 기록한다. 평단지기 독서법이다. 어제보다 나아지는 나를 관찰한다. 조 금씩 달라진다. 점점 강인해진다. 주변의 소음에도 이제 초연할 수 있다. 그걸 가능하게 해준 것이 바로 새벽의 평단지기 독서다. 다른 사람들에 게도 그 기운을 조금이나마 전달하고 싶었다. 한동안 카페 활동할 때, 아 침마다 인증 글을 남겼다. 매일 100번 쓰기 하듯이 오늘 한 문장을 댓글 로 전파했다. 반복적인 각인 효과가 있었다. 가끔 남긴 댓글에 반응하는 댓글이 생기면서 다시 기억하는 효과도 있었다. 온라인에서 알게 된 그룹 채팅방에 3년 동안 매일 새벽 읽은 글과 오늘 생각을 공유했다. 한 명이라도 도움이 되었으면 하는 마음으로 글을 남겼다. 만약 그 책을 읽어본 사람들이라면 기억이 소환된다. 아직 읽어보지 않은 사람들은 책을 읽어보고 싶게끔 만든다. 그렇게 하나둘 같은 책을 읽게 되고, 가치관이 비슷해진다.

선생님이 아이들에게 교육하는 것도, 의사 선생님이 환자를 돌보는 것도, 경찰관이 순찰하는 것도, 반찬가게 사장님이 맛있는 반찬을 만들어 파는 것도 나눔의 하나다. 가장 자신 있는 분야, 가장 잘하는 것을 해내는 것이 나눔이다. 이것이야말로 사회적 공헌이며, 살아 있는 동안의 최고의 나눔이 아닐까.

8

좋아, 한번 해보자

다른 세상이 보이기 시작했다

40대 중반. 이제부터 살아야 할 시간과 되돌아볼 시간의 중간 지점이다. 책을 본격적으로 읽기 시작했던 마흔부터 전과는 다른 세상이 보이기 시작했다. 사실, 결혼 전부터 남편은 퇴직을 고민해왔다. 하지만 그당시에는 아무 말 하지 못했다. 결혼 생활과 노후에 대한 불안감 때문에 당당하게 퇴직해도 좋다는 말을 차마 꺼낼 수 없었다. 두려웠을지도 모른다. 결혼 후 묵묵히 남편은 회사에 다녔다. 가족 때문이었다. 재테크 공부를 본격적으로 시작한 마흔부터, 노후 계획을 세우고, 평단지기 독서법으로 책을 읽으며 비로소 삶의 가치관을 바로 세우기 시작했다. 드디어 남편 삶의 가치까지 존중하게 되었다. 우리의 건강이 무엇보다 중요하다는 걸 알게 되었기 때문이다. 상사의 만류에 잠깐 휴직을 망설이는 남편에게 퇴직해도 좋다고 당당하게 권했다. 남편은 "철이 없다고 생각할지 몰라도 퇴직할게."라며 용기 냈다.

2022년 1월 설 명절 연휴가 시작될 무렵, 팀장님에게 "올해 6월 말에 퇴직하려고 해요."라고 조심스레 말을 꺼냈다. 퇴직 준비를 시작한 것이다. 다행히 타 부서에서 온 팀장은 사업보다 개인의 행복이 더 중요하다며 공감해주었다. 잠깐 가족 돌봄 휴가를 내거나 병가를 내는 것이 어떻겠냐고 역시나 권유했지만, 남편도 퇴직을 후회하지 않는다는 말로 답변을 대신했다. 몇 달 아니 1년 안에 변할 수 있는 게 아님을 알기 때문이다. 안정적인 직장이지만 의무감과 부담감이 있는 곳이었다. 부모님도 연세가 있으니 앞으로 자주 얼굴도 보여드리고, 남편과 함께하는 삶의 여유를 찾기로 했다. 이처럼 처음 목표로 세웠던 삶의 가치를 매일 아침 평단지기 독서법과 함께 다시 점검하는 시간을 가지면서, 우선순위가 명확해졌다. 나와 남편의 건강과 활력, 가족과의 즐거움과 행복, 새로운 것에 대한 배움과 성장, 가족 및 지인들과의 사랑과 온정, 투자의 성취가 새로운 가치의 목록이 되니 모든 결정이 쉬웠다.

행복은 성공을 만들어낸다

"성공이 반드시 행복으로 이어지는 것은 아니다. 그러나 행복은 성공을 만들어낸다." 카민 갤로의 말처럼 지금 이 순간을 적극적으로 살아가는 행복한 나의 인생은 성공으로 이어지리라 믿는다. 이런 깨달음을 좀 더 일찍 알았더라면 좋았을 걸 하고 문득 생각이 들다가도, 그런 생각조차 아마 지금의 내 나이라야 깨닫게 되는 걸지도 모른다는 생각도 든다. 신혼 초에는 남편과 맛집을 찾아다녔고, 매년 해외여행을 다니느라 돈을 더 많이 모으는 대신 여유를 즐기는 것에 더 많이 쓰기도 했다. 하지만, 2020년부터 2022년까지 COVID-19가 유행하는 시기에는 해외여행을 할 수 없었으니 지금은 당시 때맞춰 잘 다녔다는 생각이 든다. 마흔이 되자 노후 준비라는 단어가 보이기 시작했다. 최선을 다해 전력 질주했다. 5년이라는 시간 동안 '좋아! 한 번 해보자.'라는 마음으로 당당히 지냈다. 나에게 주어진 환경에 감사하기 시작했고, 처음 해보는 경험들이 쌓여나갔다. 만약 20대, 30대부터 노후 걱정하느라 미래만 보고 살아왔다면, 부와 자산은 일찍 쌓았을지 몰라도 젊을 때만 할 수 있는 경험을 놓쳐서 지금은 또 다른 후회를 할지도 모른다. 지금 이 순간 현재를 눈부시게 살아가는 모습이야말로 후회하지 않는 최고의 인생일 것이다. 다만 적어도 수입의 10% 이상은 반드시 투자해야 한다.

2021년 1월 28일 새벽, 『다산의 마지막 습관』으로 평단지기 독서를 마치고, 전날 병렬독서로 읽었던 『일주일은 금요일부터 시작하라』와 생각이 연결되면서, 대가를 찾아 선언하고, 분명히 정하고 싶었다. 그날, 김승호 회장의 인스타그램에 댓글 하나를 남겼다. "저도 책을 쓰겠습니다. 언젠가 선생님이 책을 내신 출판사에서 책을 내겠습니다. 자기 결정권을 가질 이윤정(당시엔 닉네임으로 표기)이 될 예정입니다!"라고 말이다. 2021년 책을 쓰겠다고 선언했고, 지금 이 책의 마지막 장을 쓰고 있다. 김승호 회장이 내가 남긴 댓글 하나를 기억하진 못하겠지만, 그곳에 남긴 댓글을 나는 기억한다. 꼭 책을 쓰겠다고 말이다. '좋아! 한번 해보자.' 라고 분명한 결단을 내린 계기로 이 책이 나오게 되었다.

평단지기 독서가 필요한 순간이다

인생의 가치는 누가 결정해주는 게 아니다. 아니 누구도 정해주어선 안 된다. 스스로 가치를 찾아야 하고, 자신의 우선순위를 목록으로 만들어야 한다. 처음부터 내가 무엇을 해야 하는지 잘 모르는 건 정상이다. 시작하겠다는 동기부여가 되더라도 무엇부터 해야 할지 모른다. 그리고 다른 사람들을 보면 조급해지는 게 다반사이다. 바로 그때 평단지기 독서가 필요한 순간이다. 궁금한 것, 필요한 것, 찾는 방법이 모두 책 속에 있었다. 제자가 준비되면 스승이 나타난다는 속담이 있다. 경이로움에 입이 벌어지듯, 비로소 책이 내 것이 된다. 모두 받아들이겠다는 태도였기에 책이 응답한 것이다. 요구하지 않은 것들은 책이든 주변에서든 언을 수 없었다. 추구하는 가치 목록에 맞게 하나만 끌어당기면 된다. 하나만 끌어당기면 그곳으로부터 두 개, 세 개가 다시 궁금해진다. 지금 시도해야 하는 것은 바로 다음 단계 하나만 보고 행동을 바꾸는 것이다.

5년 전 재테크를 시작했던 초보자의 나, 5년간 전력 질주해온 현재의 나 그리고 미래 5년 후의 모습을 그려본다. 5년 전 행동한 것들이, 지금에 와서 후회하는 것들이 혹여 있는가? 앞으로 5년 후, 지금의 내 모습을 돌이켜 봤을 때 후회할 행동은 아닌가? 지금 생각이 떠오르는 것 바로 그것이다.

책을 읽게 된 책 계기는『미움받을 용기』를 읽으면서부터다. 그리고 데일 카네기의『인간관계론』,『하루 한 줄, 감사일기』,『참 잘했어요. 노트』등 나와 주변을 관찰하는 과정부터가 시작이었다. 우연히 만난『다산의 마지막 습관』에서 지난 5년간, 오늘 문장, 오늘 생각, 오늘 행동이 바로 '평단지기 독서법'으로 탄생했다. 배움과 성장, 성취감, 즐거움과 행복을 쌓아가는 중이다. 나이가 들면서 삶의 가치는 다시 변할 수도 있기에 매일 평단지기 독서법으로 개선해 나갈 예정이다.

지금 해낼 수 있는 것을 '하는' 것이다

새로운 인생을 살기로 한 2017년. 그해에는 불편한 인간관계를 풀기로 했다. 과제의 분리로 비로소 강인해질 수 있었다. 2년 차, 부동산 공부에 집중하기로 했다. 동료들과 부동산 임장을 자주 다녔다. 다른 사람과 나는 다름을 인정하기 시작했다. 3년 차, 사는 지역 신문 기사에 매일 집중하여 기록으로 남기기로 했다. 4년째 드디어 가족에게 돌아왔다. 그동안 놓치고 있었던 부모님께 얼굴을 자주 보여드렸고, 전화 통화도 자주 한다. 남편과의 맛집 투어도 다시 시작이다. 마음이 통하는 동료들이 생겼다. 평단지기 독서 모임, 골든 티켓 독서 모임, 천무 서평 모임으로 삶의 순간을 나눈다. 마음 맞는 동료들과는 투자 스터디도 하면서 보낸다. 5년 차, 자산 배분을 위해 주식 투자에도 관심을 두고 독서와 공부를 시작했다. 매일 유튜브로 시황을 듣고, 일일 경제지표도 매일 확인한다. 그리고 2022년 타인의 독서를 돕는 책을 출간하기로 했다. 내 삶의 우선순위를 찾아 1년에 하나씩 우선순위를 정하고 가치를 정립해 나가는 중이다.

2022년 6월 퇴직했다. 부모님 댁에 한 달 살기, 남편과 자유로운 여행하기, 책 출간이 우선 목표다. 동행과 나눔이 함께할 때 행복이 따른다. '이게 맞는 걸까?'라는 의문이 들 때면 "좋아! 한 번 더 해보자."라고 하고 일단 시작한다. 흔들리지 않는다. 오렌지니까 오렌지 주스가 나오듯, 오래 사는 인생의 태도는 지금 나와 가족이 좋아하는 것, 지금 해낼 수 있는 것을 '하는' 것이다. 모든 것은 나의 결심에서 시작된다. 나만의 속도에 자신감이 붙는다.

대단한(super) 사람들(human)은
속도를 내어 앞서가는 사람들이 아니라,
오늘도 묵묵히 자기가 하고 싶은 일, 해야 할 일들을
하루도 빼먹지 않고 계속해 나가는 사람들이다.

포기하지 않는 것이 중요하다.

행복한 삶의 핵심 가치를
신뢰(FAITH)에 두다

지금까지 새벽의 기운을 느끼며 시작한 평단지기 독서를 통해 나의 인생 속도를 찾는 법을 발견하고, 하루 10분, 평단지기로 나를 연구하여 새로운 인생을 시작했고, 0.1% 상위 부자로 살아남는 비결을 배웠으며, 바로 지금부터 진짜 행복한 삶을 살아가는 인생의 태도를 찾았다. 이 모든 걸 가능하게 해준 건 바로 꾸준히 쉬고, 꾸준히 시도하고, 꾸준히 읽어온 '평단지기 독서법' 덕분이다.

매일 독서를 통해 읽고, 기록하고, 시도하면 하루하루 달라지는 자신을 만나게 될 것이다. 진짜 원하는 게 뭔지 모를 때라도 책 한 권을 펴서 읽다 보면, 이쪽으로 오라고, 저쪽으로 가라고 이정표가 보일 것이다. 관심 있는 분야가 하나씩 생기게 되고 모르던 길도 한 걸음 내디딜 수 있을 것이다. 성공으로 가는 길은 오직 하나가 아니다. 그리고 당신도 1년 정도 깊이 연구하면 전문가로 성공할 수 있다. 미라클 평단지기 독서를 통해 책 읽을 시간이 충분하다는 걸 알게 되면, 하루하루 성장하는 자신을 만날 수 있고, 자신감이라는 가속도가 붙을 것이다. 조금씩 나와 가족에 대한 신뢰와 확신이 생길 것이다.

불편한 관계를 피하는 대신 사람들에 대한 관찰과 감사의 기록을 통해 자신만의 방식으로 연구하고 적용하면 가정과 직장에서 사람과의 관계를 개선시켜 줄 것이다. 가족들과 직장 동료들은 당신을 믿으며, '함께'라는 공감대를 통해 성공의 속도가 빨라질 것이다. 항상 함께할 필요는 없을지도 모르지만, 혼자만의 속도를 찾아가는 데 분명히 도움이 될 것이다. 세상에 당연한 것은 없다. 없어진 후에 아쉬움 대신 지금 있는 것에 감사하는 마음을 가지면 늘 새로운 아침을 맞이할 수 있다.

부자가 되고 나면 무엇을 할까? 미래의 경제적 자유, 시간적 자유, 관계의 자유만을 생각하고 지금 당장 전력 질주에만 몰입하는 대신, 지금부터 행복할 수는 없는지 질문을 해보면 비전 보드에 있는 꿈 중 지금 당장 이룰 수 있는 것도 꽤 많다는 걸 알게 될 것이다. 단기 목표만을 향해 나가다 보면, 그 이후에는 무엇을 해야 할지 고민해본 적이 없어서 허무해질 수도 있다. 단기간에 끝날 것 같던 성공 계획도 생각하기 나름이겠지만 장기 프로젝트로 크게 확장 시켜보면 조급함이 줄어들 것이다. 쉬지 않고 전력 질주하느라 앞만 보고 달리다가는 지나간 시간을 후회하게 될지도 모른다. 올해 12월 31일, 5년 후, 10년 후의 내가 오늘을 살아가는 나에게 후회하지 않을 자신이 있는지 물어보는 기회를 만들면, 지금 당장 무엇을 해야 하는지 답이 보일 것이다. 나만의 속도를 찾으면 지금도, 미래도 평생 행복할 수 있을 것이다. 나만의 속도를 찾아가는 첫걸음이 '평단지기 독서법'과 함께하길 바란다.

행복한 삶의 핵심 가치를 신뢰(FAITH)에 두었다. 가족(Family), 행동(Action), 나(I), 생각(Thought), 행복(Happiness)에 집중한다면 비로소 지금 당장 무엇을 선택하고 꾸준히 시도해야 할지 길이 보일 것이다. 강인하고 단단해진 자신을 믿게 될 것이며 꾸준하게 성공을 향해 시도하여 반드시 원하는 목표를 이루게 될 것이다.

사람들의 고민은 책에 이미 모두 나와 있다. 관심이 없었을 때는 TV나 교과서에서 나오던 '책 속에 길이 있다.'라는 속담을 그냥 흘려보냈을지 몰라도 책을 읽으며 생각하고 기록하기 시작하면 비로소 그 말의 진짜 의미를 알 수 있을 것이다. 제자가 준비되면 스승이 나타난다는 말은 질문을 통해 고민을 시작할 때 전문가를 찾게 된다는 말이다. 꾸준한 호기심으로 세상을 대한다면, 책이든, 블로그든, 영상이든, 강의를 통해서도 주변에서 성공을 찾는 방법을 배울 수 있을 것이다. 새로운 아침을 맞이

하듯, 꾸준하게 새로운 걸 배우고 받아들인다면 부와 성공을 위한 답은 스스로 찾게 될 것이다.

『럭키』에서 부자와 빈자의 차이는 '덕분에'와 '때문에' 차이는 문장을 발견했다. 부자는 '덕분에' 부자가 되었고, 빈자는 '때문에' 부자가 되지 못한다고 스스로 생각한다. 무의식중에 지금의 나와 가족의 존재만으로도 풍요와 있음에 감사를 장착할 수 있다. 지금 이 순간을 살아가는 것이 바로 현재의 부자다. 성공학의 기초는 다른 것에 있지 않았다. 지식이든 자산이든 작은 성공부터 하나씩 쌓아간다면 시간의 지남에 따라 복리로 성장할 것이다. 내가 가진 것을 더욱 강조하고, 남과 다르다는 사실을 받아들이면 성장 과정은 더욱 단단해질 것이다. 자신의 강점을 내세워 타인에게 나눈다면 속도전에도 밀리지 않는다. 매일 꾸준히 한 가지를 시도하면 1년 후에는 그 분야의 전문가가 될 수도 있다. 생각보다 꾸준하게 시도하는 사람이 많지 않기에, 장기적인 목표를 향해 오늘 하나 해내기만 하면 충분하다. 나만의 속도를 깨닫고, 천천히 성공하기로 마음먹었다. 매일. 꾸준함. 이것이 바로 모든 것을 이겨낼 수 있는 성공의 비결이다.

누가 뭐라고 하더라도 세상에서 가장 중요한 일은 내가 선택하는 것이다. 아무도 도와주지 않아도 계속 시도하고 꾸준히 노력하면 결국 이룰 수 있을 것이다. 천천히 꾸준하게 읽고, 기록하고, 시도하길 바란다. 스스로 자신을 연구는 평단지기 독서법(#RnDiToday)으로 빅데이터를 쌓으며 자신을 신뢰하는 삶을 살아간다면 현재의 삶부터도 충분히 행복할 수 있다. 끝없이 만족하지 못한 채 원대한 목표만을 향해 나가기보다는 잠시 내려 맛있는 음식도 먹으며, 주변 풍경도 구경하다가 다시 시작하길 바란다. 원하는 목표 달성만을 위해 전력 질주하는 당신에게 성장하는 과정에 있는 현재의 행복을 선물하게 될 것이다. 아직 우리에겐 살아갈 충분한 시간이 꽤 남아 있다. 평생 지속해야 한다. 우리 모두 지금도 꾸준하다. "좋아! 한 번 더 해보자!"라는 꾸준함이 독자에게 성공적으로 전달되길 바란다.

오늘 하루만 꾸준히 한다.
첫째, 번 아웃을 피하려면 꾸준히 쉰다.
둘째, 성공하기 위해 꾸준히 시도한다.
셋째, 평생 지속할 수 있는 평단지기 독서를 꾸준히 한다.
오늘 하루도 성공이다.

평단지기 독서법 기록 노트

책: Today: /   /

경제적 부자, 꾸준과 용기로! 흔들리는 마음을 단단하게 지켜내는 '평단지기 독서클럽'

오늘 문장 Read

오늘 생각 Note

오늘 행동 Do it   성공일기 : 잘한 점 / 잘못한 점

☐   ☐
☐   ☐
☐   ☐

오늘 하루 책에서 하나를 배운다! 매일이 성장이다.   수고했다!

#RnDiToday   더블유와이랑
                                        평단지기독서

매일 새로운 아침, 평단지기 독서법을 통해
자신과 대화하는 하루 10분의 시간을 가지며, 몇 가지 질문을 해본다.
'진짜 원하는 것은 무엇일까? 진짜 이걸 원하는가?'

새벽의 평단지기 독서법은
단지 자신을 알아가고,
올바른 방향으로 인도할 수 있도록 도와주는 지침이다.

평단지기(平旦之氣) : 이른 새벽의 고요하고 맑은 기운